# ELIGE SER UN

# SEYOISTA

## EL ECO DE UNA NUEVA FILOSOFÍA DE VIDA

## RAFÉELO MARTI

*"Toda persona que llegue a ti, no debe dejarte sin sentirse mejor y más alegre"*
*Madre Teresa de Calcuta.*

**Copyright © 2024 Raféelo Marti**

**Título: Elige Ser Un Seyoista**
**Sub Titulo:** El eco de una nueva filosofía de vida

**Dimensión: 186 p.; 15,24 x 22,86 cm**

**ISBN: 9798340656230**

**Edición, diseño y diagramación:**
**Escuela de Autores**
**Fort Myers, Florida, 33905, U.S.A.**
**info@escueladeautores.com**

@ 13057078850
📞 (305)707-8850

# DEDICATORIA

A todos los que luchan sin saber por qué y contra qué…

A todos los que buscan sin saber qué buscar y a quién buscar…

A los que han encontrado el camino de la verdad…

A mis hijos y nietos para dar luz en su camino…

# AGRADECIMIENTO

A Dios por todo lo que me ha dado...

A todos los que brindan su ejemplo para seguir el camino del bien...

# ÍNDICE

# PALABRAS DEL AUTOR

Estamos listos. ¿Comprendes el verdadero propósito de leer este libro? Bien, ahora debes entender que leer no es solo eso, sino que implica conectar con el significado de cada palabra y la intención que lleva cada una de ellas. El libro puede ayudarte en la medida en que te dejes guiar y estés dispuesto y abierto a lo que quiere decirte. Es precisamente por esa predisposición que un Seyoista comienza su transformación.

Todos enfrentamos desafíos y dificultades durante nuestra vida. Al nacer, no traemos de manera innata el pleno conocimiento de las cosas; ese conocimiento lo adquirimos con el tiempo, a través de las diversas oportunidades de aprendizaje que tenemos. Todo es un proceso: nacemos y vamos aprendiendo al ritmo impuesto. Una vez que obtenemos ese aprendizaje, lo procesamos conforme al ambiente en el que vivimos, a nuestros intereses particulares o a las circunstancias de nuestro entorno.

De igual manera, debo decir que aprendemos y adquirimos conocimiento; sin embargo, por falta de madurez, en algunos casos no estamos lo suficientemente preparados para tomar decisiones correctas o captar el mensaje. <u>Pero somos dotados y capaces, por lo que tenemos la capacidad de transformar nuestra vida y alcanzar la mejor versión de nosotros mismos.</u> Este libro es para ti si buscas un cambio en tu vida. A través de la reflexión, la introspección y la acción de tu parte, podrás transformarte y alcanzar tus metas más importantes, como lo hizo el Seyoista, un hombre en busca de su libertad.

Este libro ha sido creado con el propósito de ayudarte a descubrir tu propio poder y llevar tu vida al siguiente nivel superando obstáculos. No pretende adoctrinar, sino más bien servir como una guía en la búsqueda de la felicidad. Ofrece una perspectiva diferente y una forma de pensar alternativa, pero siempre respetando las creencias y decisiones personales. Si alguna vez te has preguntado cómo encontrar el camino hacia la felicidad, cómo vivir en plenitud o cómo ser una mejor versión de ti mismo, este libro puede ser de gran ayuda. El Seyoista así lo descubrió cuando estaba perdido en medio de la infelicidad.

Identificar la forma correcta de vivir no es fácil, pero podemos empezar aceptando que la vida es un conjunto de contactos humanos que, en su inmensa mayoría, terminan en una relación. Esa relación puede ayudarte a crear tu carácter y proceder. Nada vuelve a ser igual. Por eso es importante descubrir y hacer amigos que sean para toda la vida. Con ellos, lograremos mejorar y llegar más fuertes a la meta. La compañía de alguien en todo proceso es vital e insustituible. Así, serán dos los que deben opinar sobre algún asunto que les concierne. La vida que transcurre en un nuevo y renovado ser humano no es solitaria, sino armoniosamente común.

Ser individualista en una relación de amigos o pareja sería contradictorio, ya que no lograrían la conexión ni la química necesarias para ayudarse mutuamente. Debes encontrar el hilo conductor para llegar al camino correcto. Si buscas respuestas a los problemas diarios y por qué suceden, este escrito es una referencia para que los lectores de todas las edades puedan encontrar respuestas. En él encontrarás también nuevas ideas y propósitos de vida, ya sea de manera individual, en pareja, en familia o en comunidad.

En la búsqueda de dirección en la vida, he descubierto que muchas de mis experiencias se alinean con la filosofía estoica. Me maravilla saber que, al hacer el bien incluso a aquellos que nos hacen mal, encontrar felicidad en la adversidad y ser valientes en la oscuridad, podemos comenzar a alcanzar la paz interior, el crecimiento personal y una forma de vida más práctica. En mi visión personal de ver las cosas, he acuñado el término "Seyoismo", una palabra nueva de mi autoría para describir a alguien que me acompañe en esta lectura y que represente esta nueva forma de vivir, adaptarse y hacer los cambios necesarios para una transformación.

Describo al Seyoista como alguien capaz de alcanzar el balance adecuado para crecer en armonía, incluso en medio de las tormentas de la vida. Esto se logra a través de una voluntad incansable que nos mantiene enfocados en el anhelo inspirador de vivir bien y llegar a ser eternos a través de nuestro legado de vida. Al igual que cuando buscamos una dirección, saber hacia dónde nos dirigimos nos permite encontrar varias rutas o alternativas que nos llevarán al destino deseado. Esto hace que el pensamiento del Seyoista sea divergente (aplica nuevas ideas a lo que ya es una práctica), no porque busque ser diferente o estar en desacuerdo con algo, sino porque elige lo que para muchos puede parecer difícil, no convencional o fuera de lo tradicional. De esa visión, el Seyoista produce contenido.

Permíteme llevarte a través de experiencias que debes conocer o reconsiderar para llegar a tus propias conclusiones y tomar tus propias decisiones. Recuerda que, para vivir eternamente, debes estar en la dirección correcta. En esta guía, abordaremos algunos aspectos de la vida cotidiana que a menudo vemos como problemas en lugar de retos. Si sientes que has nacido en un mundo al revés, que nadie piensa en ti, que te odian por ser quién eres, o si hacer amigos te resulta difícil, entonces estamos en la misma musicalidad.

Muchos de nosotros hemos experimentado estos pensamientos equivocados y a veces los retomamos por necedad o terquedad. Superarlos puede ser complicado, pero con la virtud de escuchar, idear, explorar y redescubrir corrientes espirituales, junto con amigos que compartan nuestros ideales, podemos ubicarnos en la ruta correcta. La reflexión es una herramienta poderosa que nos ayuda a salir adelante. Te invito a quedarte conmigo y leer cada palabra, para que juntos podamos apoyarnos y ayudar a otros que se encuentran sumergidos en la oscuridad de una conciencia mal adoctrinada.

A veces imaginamos cosas grandes en nuestra contra, pero a través de otras experiencias, nos liberamos de esos castigos o preocupaciones. Nuestros errores no son sentencias, sino procesos de crecimiento. Vamos hacia el futuro sin dejar de vivir el presente, lo más importante, sin olvidar el pasado, sino como referencia para vivir y seguir adelante. Descubre el Estándar Águila que llevamos dentro o encuentra algo en estas lecturas que, sin duda, te ayudará. Acompáñame, amigo, a ser un SEYOISTA.

*"Regala toda la amistad que puedas sin la necesidad de entregar toda tu confianza; deja que el tiempo lo haga por ti."*

CAPÍTULO I

# CONSTRUYENDO UN SEYOISTA

## Primera Parte

¿Se te hace difícil cambiar tu manera de ser y actuar? Lee esto...

Uno de los grandes desafíos de la vida es darle al tiempo su verdadero valor. ¿Cuántas veces hemos relegado nuestras prioridades a un segundo plano? Los compromisos diarios nos desvían de nuestras metas más profundas y existenciales. Incluso el tiempo de ocio, o esos momentos que creemos merecer por trabajar "duro", también nos alejan de lo que realmente importa. Así, perdemos tiempo valioso, aun dándonos cuenta de ello.

Ahora bien, escucha: al igual que una enfermedad, el tiempo perdido puede recuperarse. Piensa en aquellos que, sin saberlo, tomaron el vuelo equivocado, los que se fueron en un accidente o los que padecen una enfermedad terminal sin esperanza. Ellos no tendrán la oportunidad que tú tienes hoy para reivindicarte. No lo sigas posponiendo. El tiempo avanza implacablemente y no sabes qué desafíos te esperan. Elige el camino que te lleve a la felicidad. Sé un Seyoista.

Diálogo inicial: <u>La doctrina de la cantina</u>

—Explícame, amigo, ¿cómo llegaste hasta aquí y ahora no quieres compartir con nosotros como antes? Necesito entender cómo lo hiciste para ver si yo también puedo dejar esto atrás —preguntó uno de sus amigos con insistencia.

—Aunque pueda parecer una excusa, lo que escucharás sinceramente no lo es —responde el hombre que decidió ser un Seyoista. —En la mayoría de los casos llegamos al mundo, pero nadie nos enseña cómo vivirlo. La vida es como una ruleta rusa, te atrapa en cada número y al final el resultado es el mismo. No te das cuenta del error y sigues en la rutina hasta que una gran pared te detiene en contra de tu voluntad —afirma el hombre transformado con firmeza. —A veces, deben ser más de una pared, porque somos tan fuertes en nuestras creencias erróneas que somos capaces de derribar puentes e ignoramos o no vemos los salvavidas que nos ofrecen.

—¿Podrías explicarme con más claridad? —insistió el amigo.

El ahora Seyoista se dirigió a todos:

—Puedo decirles que caminé por los pasillos de la vida "moderna", encontrándome con eventos y momentos que, por ignorancia y terquedad, me atraparon en una vorágine de superficialidades y ambiciones efímeras. Vivía en un mundo de ficción donde la felicidad aparecía y desaparecía sin que me diera cuenta, como una droga que te atrapa y te suelta para que te dejes atrapar de nuevo. Así, ese círculo vicioso se interpone entre tu familia, tus ideales y tus sueños, y te sepultas vivo sin darte cuenta, hasta que a veces ya es muy tarde.

Todos escucharon atentos, algunos bebieron grandes sorbos de licor mientras el Seyoista continuaba exponiendo su historia...

—Dedicaba incontables horas a mí mismo, buscando la gratificación instantánea que el éxito económico, material y emocional prometía. Mi familia quedaba relegada a un segundo plano, apenas recibiendo migajas de mi "valioso" tiempo y atención. Mis hijos, sedientos de guía y afecto, se sumieron en la soledad emocional y la incertidumbre, mientras yo me perdía en la búsqueda de logros vacíos, con amigos que, sin intención de ofenderlos, poco ofrecían más allá de estar enfocados en metas carentes de valor real.

Varios de los presentes que no estaban interesados en escuchar se sintieron culpables por aquellas palabras que los atrapaban en sus realidades, mientras otros se sentían ofendidos por las palabras de aquel "amigo", que continuaba su locución en la barra que antes solía visitar con frecuencia.

—Fue un día de claridad para mi vida, de esos donde dediqué tanto tiempo a los demás, que como una epifanía tardía sacudió los cimientos de mi existencia. Vi hijos de amigos llegar lejos, ser exitosos, seguros, y bien amados. Entonces, al observar a mis hijos desmoronarse emocionalmente, frustrados en el deporte y en la vida por mi ausencia, comprendí el costo devastador de mi negligencia como padre. Me pregunté qué tan lejos podrían haber llegado mis hijos si los hubiera apoyado o estado más presente en sus vidas —concluyó el Seyoista con una pausa pensativa.

La tristeza y el arrepentimiento lo embargaron, a pesar de que una nueva filosofía de vida gobernaba su existencia. El proceso de sanación interna, aunque en curso, era lento. Olvidar los momentos en los cuales no tenía la fuerza de voluntad para apartarse del mundo y dedicarse a su familia, tomaba su tiempo. Luego de una angustiosa espera, retomó en voz alta la palabra pero esta vez más animado:

—Comencé poco a poco, dedicando más tiempo a uno de mis hijos. En lugar de dejarme consumir por el remordimiento, decidí hacer lo correcto y ponerme en acción. Me comprometí a reconstruir el puente derrumbado, a redimir lo perdido hasta donde pudiera y a guiar a mis hijos hacia la realización y plenitud. Comencé a ser un ejemplo para ellos.

La música del bar apenas se escuchaba, alguien había reducido el volumen para escuchar mejor. El Seyoista continuó:

—Con dirección, preparación, amor y determinación, trabajé con uno de ellos hasta llevarlo a ser un atleta formidable, guiándolo al éxito deportivo. Ganó el campeonato estatal, llegó a la competencia universitaria y, ayudado por otros buenos entrenadores, alcanzó un campeonato mundial juvenil. Lo acompañé en cada paso del camino, recordándole el valor del esfuerzo, la disciplina y la perseverancia. Llegar a un campeonato mundial es uno de los logros más significativos para un atleta. Alcanzar ese nivel se logra con madurez, apoyo, seguridad y mucha fe.

En ese momento, un asiduo visitante de la taberna intervino:

—Caballero, debo felicitarlo. He estado atento a su plática y creo que me ha llegado al alma —dijo el hombre con una copa de whisky. Uno de los presentes le tocó la mano para que dejara al Seyoista terminar. Este, mirando al techo y pensativo, continuó:

—Entonces, llegó el momento en que el mundo volvió a atraparme. Me enlisté en un ambiente donde el servicio era la meta, al menos eso creía. Caminé por cada calle y rincón para llevar un mensaje de esperanza. De nuevo, pensando en otros, olvidé a mi familia y fallé en el equilibrio que se debe tener en la vida. No fui ágil para evitar caer otra vez en lo que el mundo ofrecía. Me olvidé del éxito y la felicidad que me daba estar con mi familia. <u>Abandoné lo importante para aspirar a un mundo que no me valoraba.</u> La ruleta rusa me atrapó de nuevo. A pesar de llevar un propósito claro y bueno, el mundo decidió que no era lo que necesitaban.

—¡En serio! Esto no me va a afectar —exclamó uno que se volteó, tomó su cerveza y miró la televisión mientras disimulaba no escuchar al Seyoista, que siguió:

—Decidí entonces luchar contra mí mismo. Buscar el perdón y comenzar de nuevo. Esta transformación radical no solo tocó la vida de mi familia, sino que resonó en mi alma de manera profunda y trascendental. Abracé una nueva filosofía de vida, más cercana a Dios, que hoy llamo Seyoismo.

—¿De qué trata esa nueva filosofía? —preguntó un amigo mientras pedía algo de comer. El Seyoista respondió:

—Amigos, <u>el Seyoismo no es simplemente una etiqueta, sino un compromiso sagrado con los valores esenciales que dan sentido y propósito a la existencia humana.</u> Es un constante descubrir a través de la reflexión persistente de mis actos. Ahora, dedico mi tiempo y energía a fortalecer los lazos familiares, trabajar con amor y pasión, y cultivar el crecimiento intelectual, emocional y espiritual. Por eso estoy aquí hoy.

Un amigo le invitó una bebida, y el Seyoista agradeció y pidió agua, sabiendo que ahora era una persona diferente.

—Gracias, amigo. Como sabes, ya fue suficiente —dijo el Seyoista, intercambiando miradas de comprensión con el hombre. Supo que su amigo, al que llaman el Seyoista, ya no era el mismo. —Pero te invito a hacer lo correcto en tu vida —le dijo el Seyoista. —Ya sabes, el mundo nunca te ofrecerá lo que Dios y tu familia pueden darte. Seguir luchando es la meta que nunca debe terminar. Aprender del éxito de los demás, de tus errores y los de otros, es una oportunidad que a menudo desaprovechamos, pero es la más sabia de todas.

El cantinero interrumpió sutilmente:

—Amigo, me temo que estás influyendo en mis clientes, que son mi fuente de ingresos —dijo mientras limpiaba algunas copas. —Lo que dices es muy interesante, y creo que tienes mucha razón, tal vez toda. Aquí se les trata muy bien, casi como en casa, pero al final serán ellos quienes decidan dónde desean estar.

Mientras tanto, cada uno parecía tener el pensamiento erróneo de que en la barra encontraban la felicidad, sin comprender la doctrina de la cantina. El Seyoista, que conocía por experiencia esos pensamientos "demonizados", los interrumpió y le dijo al cantinero:

—Tiene razón, amigo cantinero. Solo pasaba por aquí, un lugar donde una vez dejé gran parte de mi vida a cambio de un placer efímero y donde adoctriné mi conciencia. Solo pasaba para recordarles que nada puede devolverles el tiempo. Cada día en esta vida de amigos es uno menos en su existencia, que resulta inútil para su familia, que es lo verdaderamente importante—. Con estas palabras, el Seyoista se despidió y, junto a él, varios que a partir de ahora lo acompañarán en esta nueva filosofía de vida.

Ahora, amigo mío, te invito a conocer al Seyoista...

## El Seyoista fue y es una persona como tú

Hola a quien me lee, soy el Seyoista, un nombre que mi autor me ha dado para guiarte a través de un laberinto de posibilidades donde todas las salidas te llevarán a lugares seguros. No te preocupes por mi nombre de pila; nunca fue mío, y en realidad no es importante. Tampoco es necesario que me digas el tuyo, porque cuando termines este libro, te convertirás en un Seyoista: un hombre sin nombre, solo con hechos, ideales y propósito.

El término "Seyoismo" lo utiliza mi autor para describir la forma en que vivo y que debe adoptar un ser humano que desea cambiar su vida hacia una mayor presencia espiritual y un mejor control emocional. Mi proceder se basa en el equilibrio dimensional de la vida: mente, cuerpo, espíritu y voluntad. Se fundamenta en la plena conciencia de la existencia y en la búsqueda, el desarrollo y la práctica de un propósito de vida, con Dios o una fuerza universal personal como el centro de todo. Estas cinco fuerzas convergen: amor, justicia, respeto, integridad y responsabilidad.

No se trata de borrar el pasado, algo muy particular y a veces difícil, si no de convivir sin problemas adaptando nuevas maneras de conciencia que te permitan crecer. La vida de un Seyoista no son murallas medievales que detienen las olas, sino piedras firmes que permiten que el agua pase sin resistencia, fluyendo entre dos fuerzas. Si pones calidad y amor en las deficiencias de tu vida, no habrá espacio en tu interior para lo que enferma y pudre el alma. Para mi autor, la palabra "Seyoista" tiene un significado especial al combinar dos vocablos: "seyo", que denota algo nuevo, e "ista", que significa transformar o inclinarse hacia. Por lo tanto, "Seyoista" se conjuga como una nueva TRANSFORMACIÓN.

El Seyoismo es una filosofía esperanzadora y efectiva para quienes buscan mejorar y hacer un cambio con acciones radicales en su vida, para convertirse en hombres y mujeres de impacto. Es adoptar una nueva forma de sentir y percibir la conciencia, con una voluntad inquebrantable. Es el continuo conocimiento y crecimiento intelectual, así como la práctica de la humildad para reconocer y mejorar nuestras debilidades mediante la reflexión persistente sobre nuestros actos. Este es su principal principio.

Estas acciones radicales juegan un papel fundamental en esta nueva filosofía. Este nuevo modo de vida no es solo redescubrir, dominar o subsistir, sino hacerlo con pleno control sobre las tribulaciones que te detienen. Debes entender que no podrás construir un nuevo yo solo; siempre necesitarás ayuda y apoyo, pero eres tú quien decide si te lanzas a ese cambio radical en sintonía con tu vida o si lo dejas pasar. Esa, créeme, no es una opción.

Como Seyoista, me relaciono directamente con el dominio de seis habilidades básicas humanas que mi autor ha adaptado de manera eficaz. Estas habilidades, que una vez lo guiaron hacia grandes logros en el deporte, hoy las utilizo para ayudarte. Estas habilidades son: agilidad, flexibilidad, equilibrio, resistencia, fuerza y velocidad.

Debo aclarar que estas habilidades se usarán desde un punto de vista filosófico diferente al tradicional. En lugar de enfocarnos en el desempeño deportivo, las aplicaremos para desarrollar un equilibrio emocional que fortalezca nuestras actitudes. La práctica de estas habilidades, combinada con otras ideas de vida, elevará tu conciencia y tu conducta personal, convirtiéndote en un excelente Seyoista.

Alguna vez te has preguntado cuál fue el nivel de exigencia personal de Jesús durante su vida terrenal y cómo mantenía intacta esa regla autoimpuesta? Jesús tenía una voluntad inquebrantable guiada por una escala de valores exigente. Esta escala medía su determinación, ponía a prueba su tolerancia y dominio sobre la conducta. Hoy sabemos que su escala de valores era alta, pero alcanzable incluso para sus seguidores. Jesús sigue siendo el modelo y ejemplo a seguir. Es importante destacar que Jesús vivió desde su interior, como debe vivir un Seyoista.

He aprendido que una persona puede tener dos personalidades generales para elegir: una enfocada en el mundo exterior y otra vivida desde el interior. Al centrarnos en lo que el mundo común ofrece, perdemos la belleza de las obras particulares que hacen al mundo diferente. Aquellos que viven en el exterior reaccionan a las demandas del mundo, mientras que quienes viven desde el interior ven las circunstancias y adversidades como oportunidades para crecer. Así, damos valor a nuestra existencia.

Si todos sumáramos a nuestros valores, principios y filosofía de vida una escala personal para medir su efectividad constante, estoy seguro de que esa autoevaluación nos ayudaría a mejorar cada día. Más adelante, te enseñaré una Prueba de Excelencia Personal que te será útil para alcanzar este propósito.

En resumen, el Seyoismo es una forma de ser, de buscar conectar con el equilibrio dimensional de la vida y de encontrar nuestro propósito personal sin alejarse de la presencia divina, esa fuerza universal que nos dio la vida. La práctica de las seis habilidades básicas humanas, junto con otras ideas de vida, te ayudará a mejorar personalmente. Recuerda que sin voluntad ni humildad será imposible conectarnos con lo fundamental en esta filosofía. La autoevaluación y reflexión sobre nuestros valores nos ayudará a ser mejores seres humanos y a dejar un legado para los nuestros. No olvides que cada día un Seyoista trabaja su físico con ejercicios, su intelecto con aprendizaje nuevo y sus emociones demostrando amor y comprensión.

Somos seres compasivos que buscan paz y armonía en un mundo lleno de odio, rencor, egoísmo y mentira. A menudo somos envidiosos y enfrentamos tentaciones diarias. Si decides ser Seyoista, tomarás los pasos necesarios para cambiar y renovarte constantemente, permitiéndote crecer y evolucionar en todos los aspectos de tu vida.

Además, comparte tu conocimiento y guía espiritualmente a otros, ofreciendo una mano amiga y una actitud empática hacia quienes te rodean. Recuerda que el Seyoista siempre busca reparar lo dañado y compensar lo echado a perder. Es aquel que escucha a la vida sin necesidad de que esta tenga que gritarle. Ama su presencia terrenal y se respeta a sí mismo y a los demás. Es un ser con la gracia y sabiduría dada por Dios desde los comienzos para coexistir tanto en el plano emocional y físico como en el espiritual. Pero, sin pasos a seguir, no habrá transformación. Sígueme en la búsqueda de un nuevo yo...

## Segunda Parte

## Destrezas básicas del Seyoista para evitar caer en lo que eras antes

Estas destrezas o habilidades básicas, junto con la filosofía de vida que decidas crear, los valores aprendidos y los anhelos personales, permiten desarrollar un estilo de vida único y llevar las cosas a otro nivel. Es importante profundizar en cada una de ellas para comprender su importancia y cómo pueden ayudarnos a mejorar como seres humanos. Toma nota y practica este método para evitar regresar a lo que eras antes.

A. Habilidades básicas en la vida de un Seyoista

## Agilidad:

La agilidad que te propongo puede interpretarse como la habilidad para adaptarse rápidamente a los cambios o situaciones nuevas con facilidad y gracia. En la vida, esto puede significar la capacidad de navegar por diversas circunstancias sin perder el enfoque o la paz. La agilidad mental y emocional te permite ajustar tus pensamientos y emociones para enfrentar los desafíos de manera efectiva, promoviendo el crecimiento espiritual al aprender de cada experiencia.

Cuando estás en el trabajo, tu responsabilidad es completar las tareas por las cuales te pagan, aunque no tengas todas las herramientas necesarias. Lo importante es dar lo mejor con lo disponible y cumplir de manera positiva, haciendo lo correcto. Otro ejemplo es cuando somos voluntarios; debemos estar en actitud positiva, dispuestos a ayudar y apoyar en todo momento. No debemos ser críticos o estorbos sin la necesidad de perder el derecho a opinar. "Todo lo que hagas hazlo con amor, entrega y sacrificio".

El ser humano debe ser ágil al elegir las acciones que la vida le presenta. Es crucial estar atento a cada momento y a todo lo que sucede a nuestro alrededor para tomar decisiones correctas. Debemos ser ágiles tanto para enfrentar como para evitar las energías negativas que nuestras acciones y las de otros generan en nuestro entorno. Las situaciones negativas y los momentos propicios para eventos adversos suelen ser más evidentes y llamativos. Depende de ti elegir con agilidad y apartarte de esos deseos negativos que te seducen. Si sabes que el río está crecido y sigue lloviendo, no te aventures a cruzarlo. Un hombre aseguraba que el río jamás llegaría hasta la parte alta del puente, y su curiosidad lo llevó a caminar sobre él para ver cuán crecido estaba. Lo que no previó fue que el puente colapsara desde sus cimientos †.

Así como necesitamos aire para vivir, nuestras acciones son vitales para nuestra existencia. Estas acciones generan energías positivas o negativas que absorbemos. Si nutrimos nuestro ser con amor, alegría y humildad, irradiaremos energías positivas. Esto significa que somos el reflejo de nuestras emociones. A menudo, en situaciones difíciles, no reaccionamos de la manera más adecuada. Las tensiones diarias en el ámbito familiar, comunitario y laboral pueden alterar nuestra manera de pensar y nuestra percepción. Ser ágiles escogiendo nuestras luchas nos enseñará a conectar con la esencia de la vida y a manejar nuestras reacciones de manera más racional.

Los impulsos desordenados y las reacciones violentas nos deshumanizan y nos llevan a producir una cadena de eventos negativos, como el odio, los rencores entre otros que permanecen en nuestro interior por mucho tiempo. Cuando estos eventos ya nos agobian es que recurrimos a Dios para que nos ayude a resolver nuestros asuntos. Él siempre está dispuesto a escucharnos, pero somos nosotros quienes debemos iniciar el cambio de actitud o conducta.

Es clave para nuestra existencia romper la cadena de energías negativas.

Cada situación es única y requiere un enfoque particular para afrontarla. Es importante mantener una actitud positiva en todo momento y repetirnos "todo estará bien". Escapar de los impactos negativos en nuestra alma, cuerpo y espíritu es siempre una elección personal.

En caso de encontrarnos en una situación difícil, es esencial pensar detenidamente antes de actuar para minimizar cualquier impacto colateral que juegue en nuestra contra. Para ello, es importante tener en cuenta tres puntos de observación personal (POP):

- **Dominio de ti:** es fundamental aprender el arte del perdón en todas sus formas para mantener un equilibrio emocional y espiritual.
- **Control de tus impulsos**: eres tú quien tiene el control y la responsabilidad de tus decisiones. Por tanto, es importante pensar antes de actuar.
- **Posicionamiento personal:** elige razonablemente dónde quieres estar, con quién y en qué momento.

Recuerda que estos <u>Tres puntos de observación personal</u> son un privilegio que sólo tú tienes para beneficiarte.

En conclusión, ser <u>un Seyoista ágil</u> significa mantener una actitud positiva, estar en lugares seguros y tener en cuenta estos tres puntos de observación que te ayudarán a enfrentar cualquier situación de manera más efectiva y minimizar sus efectos negativos y colaterales.

## Flexibilidad:

Desde una perspectiva filosófica, la flexibilidad se refiere a la capacidad de ser abierto y adaptable ante diferentes ideas, situaciones y perspectivas. La flexibilidad mental y emocional es crucial para el crecimiento personal y espiritual, ya que permite a las personas aceptar el cambio y las nuevas experiencias, promoviendo una mayor comprensión y compasión tanto hacia uno mismo como hacia los demás.

Ser flexible evita caer en respuestas automáticas o insensibles ante las situaciones que enfrentamos, ya sea sin pensar o bien reflexionadas pero frías. Por eso, debemos estar preparados en cada momento para los imprevistos del día. Estamos obligados a educar nuestra mente para saber identificar y procesar cada situación particular. Recuerda que entrar en disputas con alguien solo atrae lo negativo a tu vida. Tal vez no puedas evitar los malos pensamientos, pero puedes mantenerlos bajo control, lo que te ayudará a escapar de momentos desagradables.

En la mayoría de las ocasiones, responder de manera coherente y racional puede desconectar el cable que alimenta la ira. Una respuesta adecuada, que aprendí hace tiempo, es aquella que lleva al agredido a la máxima expresión de flexibilidad: "Entiendo y comprendo por qué lo haces, respeto tu manera de actuar y expresarte, aunque no la comparto". No olvides que el ideal de trascendencia humana es más importante que cualquier imprevisto que puedas enfrentar. Dios nos creó con un propósito de amor, y aunque a veces nos desviamos de ese camino, Él siempre está esperando que volvamos a la ruta trazada, al redil que diseñó para nosotros desde el principio.

## Equilibrio/Balance:

Esta habilidad representa la armonía entre los diferentes aspectos de nuestra vida. Estos aspectos pueden incluir: el propósito de vida, la relación y crecimiento espiritual, la utilidad en la vida, la responsabilidad familiar, el crecimiento intelectual, entre otros. Una persona equilibrada podrá enfrentar mejor los desafíos de la vida y maximizar su tiempo, logrando así un alto grado de satisfacción por el esfuerzo invertido. Esto significa que, una vez que un impulso por hacer algo productivo capte tu atención, lo enfoques y, dentro de tus posibilidades, le des la importancia necesaria, añadiendo una dosis de disciplina para alcanzar el objetivo. Podemos lograr todo lo que nos proponemos, de acuerdo a nuestras posibilidades, tiempo y recursos, sin que una meta u objetivo afecte negativamente a otro. Por ejemplo, la unión familiar y las oportunidades del mundo, el trabajo y el descanso, la generosidad y el materialismo, la espiritualidad y la vida social. Mantener un balance en la vida promueve el bienestar general y fomenta un crecimiento tanto espiritual como social. También te mantiene activo, centrado y en paz, a pesar de las situaciones externas.

Buscamos equilibrar los deseos e impulsos con la responsabilidad y los compromisos. Las tentaciones abundan en el mundo, y el desenfoque y la falta de disciplina pueden convertirlas en realidad. Nos desconectan de nuestra naturaleza racional y nos alejan de hacer lo correcto. A menudo, escuchamos a amigos decir que ciertas cosas no son importantes, y lo creemos por la falta de compromiso, lo que nos lleva a caer en la mala práctica del incumplimiento. Para lograr armonía entre tú y el mundo real, y controlar los impulsos no deseados, necesitas conectarte contigo mismo y ejercer control en tus acciones.

**Pregúntate:** ¿Cuáles son tus prioridades? ¿Estás organizado? Para cumplir con esta meta, es importante descubrir varios aspectos importantes de la vida que los Seyoistas llamamos "Rumbo 360":

El primer rumbo, <u>Propósito de Vida</u> es tener uno o más propósitos definidos en tu paso por la vida; por ejemplo: el legado familiar, tu aportación a la sociedad, tu crecimiento espiritual y personal, tus metas, etc. Qué dejarás para que otros valoren tu existencia. Tus aportaciones para una sociedad mejor y el constante crecimiento intelectual, profesional y cívico son marcas imborrables que otros querrán imitar. Eso es vivir la vida con propósito.

El segundo rumbo, construir una <u>Visión Idealista</u> que trascienda más allá de esta vida. Esta perspectiva sostiene que, aunque nuestra existencia física es temporal, el impacto de nuestras decisiones y acciones puede perdurar mucho más allá de nuestra vida terrenal. La vida es vista como un viaje continuo de crecimiento y aprendizaje, que contribuye a la evolución espiritual del individuo y deja ramificaciones que van más allá de nuestro tiempo en la tierra. No solo dejarás de existir, sino que dejarás huellas por donde los tuyos podrán caminar.

El tercer rumbo es la <u>Valoración del Tiempo</u>. Comprender su importancia es vital porque este nunca se detiene, y su paso arrollador no nos advierte que nuestro turno en la fila de la vida es breve. Debemos priorizar con conciencia, aprender cada día más, vivir el presente sin fantasear con el futuro, cuidar nuestra salud y vivir en paz. Todo esto hace que el tiempo sea efectivo, eficaz y valioso.

## Rumbo 360

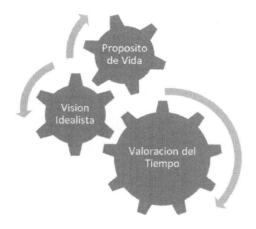

A veces, es necesario enfrentar las consecuencias de una vida desorganizada y desenfrenada para comprender cuál es tu sentido personal y único en la vida. Esto sucede cuando la vida te habla y no la escuchas; entonces, se ve obligada a gritarte, golpearte fuerte para que te detengas. La vida está llena de ejemplos, y la mía es uno de ellos. Por eso, Rumbo 360 llega para organizar la estructura de una vida desorganizada.

Encuentra tu propósito en la vida, sea cual sea, y deja que te catapulte a una vida con sentido. Para hacerlo más llevadero, puedes escoger entre los 17 Objetivos de Desarrollo Sostenible de la ONU como alternativas para darle sentido a tu vida. Estos se pueden tomar de manera literal y trabajarlos. Están al final del libro, en el Anexo #5.

Además, existen otros propósitos como: el desarrollo personal, el servicio a los necesitados, el arte como medio de expresión, el deporte, la enseñanza cristiana o la vida mística, entre otros. Por lo tanto, comienza reflexionando sobre tus habilidades y talentos, y cómo puedes utilizarlos para mejorar el mundo. Define tu propósito, dedícale tiempo y espacio, pero lo más importante es ponerlo en práctica cada día. Si, como yo, crees que el proyecto de vida que nos define no termina con la muerte, visualízate sin miedo más allá de esta vida.

Sé cuidadoso con tu tiempo y crea un equilibrio para que cada momento te haga ser un mejor ser humano. Sin embargo, si no crees en la vida después de la muerte, entonces esfuérzate por vivir en armonía durante el tiempo que te toque vivir.

## Resistencia:

Desde un punto de vista filosófico, la resistencia se refiere a la capacidad de soportar dificultades y presiones a largo plazo sin rendirse ni doblegarse. En términos de crecimiento personal y espiritual, la resistencia de la que hablamos se traduce en perseverancia, paciencia y la capacidad de mantener la fe y la esperanza a pesar de los desafíos y reveses de la vida.

El ejército del mal y sus aliados —los vicios, las acciones y reacciones violentas, la pereza, el robo, el orgullo, los rencores, la superioridad y otros grandes defectos humanos— han estado tomando el control del mundo. La guerra entre el hombre y sus debilidades parece estar ganada por el mal. ¿Cómo podemos detener este avance demoledor? Una posible respuesta es siendo resistentes, haciendo amigos, uniendo fuerzas y llevando el mensaje de vivir la vida con propósito en la sintonía y dirección que te conduzcan a un ideal de vida. Debemos convertirnos en agentes de cambio y prepararnos con las armas adecuadas de conocimiento, resistencia y amor para enfrentarlos.

Las actitudes se fortalecen con la capacidad de aptitud que poseas. Entrenar la mente en valores, principios, responsabilidad moral, espiritualidad y anhelos, entre otras cosas, es esencial para lograr que tu mundo sea mejor. Nuestra existencia terrenal es solo el comienzo de un viaje hacia una vida futura. No hay nada malo en sostener esta creencia; se trata de valorar la vida y buscarle un sentido más profundo. Es esta perspectiva la que nos define como Seyoistas resistentes.

## Fortaleza:

La fuerza se interpreta como la firmeza y la tenacidad del espíritu. Cuando la fuerza que nos da la motivación se va agotando, entra a reponer lo perdido la fuerza de la disciplina. No se trata solo de fuerza física, sino de crear una armonía entre la moral y lo emocional que nos lleva a afianzar la convicción interna sobre el objetivo deseado. La fuerza espiritual se manifiesta en la capacidad de enfrentar adversidades con coraje y determinación, mantener los propios valores ante la presión y superar obstáculos internos como el miedo y la duda. La fuerza interior es la contraparte ante la debilidad en sus formas físicas, mentales y espirituales.

Si la mente no se nutre de sabiduría, se convierte en un cubo vacío en medio del desierto al final de la duna. Ignorar nuestras debilidades a pesar de nuestro crecimiento intelectual es como no buscar sabiduría en diversas fuentes, incluyendo la más importante de todas, la palabra de Dios. Cuando entiendes el mensaje, te fortaleces y, por consiguiente, las debilidades disminuyen.

En el ámbito espiritual, para comprender la finalidad humana o el propósito de nuestra existencia, debemos entender por qué y para qué vinimos al mundo. Los padres tienen la responsabilidad de educar a sus hijos sobre el valor de la existencia misma y su propósito en la vida, pero si no lo hacen, ellos deberán encontrarlo por sí mismos. Dedícate a ser un Seyoista y encontrarás la fortaleza.

La vida es un constante desafío para mejorar nuestras condiciones y aprender a convivir con nuestros semejantes, cada uno con su forma particular de vivir. Es importante cultivar nuestra mente y nuestro espíritu para encontrar significado y propósito en nuestra existencia. Debemos fomentar valores positivos, principios y responsabilidad moral en nuestra sociedad para crear un mundo mejor y complementar la necesidad de mejorar en todos los aspectos. A mayor capacitación, mayor fuerza tendrás.

Volviendo a la fuerza espiritual, podemos mencionar tres tipos de personas: los que sirven al Señor con un alto grado de devoción, los que dedican tiempo a Dios en ocasiones especiales, y los que no conocen su existencia o, a pesar de conocerla, no les interesa. Existe quizás una cuarta categoría: aquellos que creen en Dios a su manera, pero cuestionan la forma en que se le sirve. No sé dónde te encuentras en este momento, pero te dejo dos preguntas para tu reflexión personal: ¿Cuál es tu perspectiva sobre la existencia, tu ideal y propósito de la vida en ausencia de una entidad superior y divina? ¿En qué fuerza particular, si alguna, fundamentas tu presencia terrenal?

## Velocidad:

La velocidad se refiere a la rapidez con la que una persona puede comprender y reaccionar a las situaciones. Sin embargo, desde una perspectiva de vida y crecimiento espiritual, también puede significar la habilidad de moverse con rapidez y eficacia hacia los objetivos de vida o el encuentro personal con la verdad, sin precipitarse ni actuar de manera impulsiva. Representa la capacidad de usar el tiempo sabiamente, reflexionar sobre él y, al final, poner la acción en marcha. Ser veloces para dejar atrás todo lo que nos detiene e impide seguir adelante. De eso se trata.

El agua fresca en un estante, aunque clara y aparentemente tranquila, se deteriora si permanece quieta, perdiendo su salubridad y transparencia con el tiempo. De igual manera, nuestra vida se desgasta cuando nos aferramos a un pasado que nos sumerge en tristeza y desesperación, deteniéndonos. Claro, no es fácil romper con eso; decirlo es mucho más sencillo que hacerlo. Sin embargo, si realmente deseas progresar, debes renovarte y moverte. La opción no es la inmovilidad; es vivir, luchar, actuar y crear tu propio destino. Recuerda que el río fluye libre, constantemente se renueva y lleva vida nueva a otros lugares.

A veces, cuando nos enfrentamos a problemas, podemos pensar que no hay salida. Sin embargo, al superarlos, nos damos cuenta de que eran temporales y nos dejaron valiosas lecciones. Estas experiencias nos fortalecen y nos cambian para siempre. Recuerda que, al igual que el agua refresca todo lo que toca, las dificultades también pueden tener un efecto purificador. No estamos solos al enfrentar desafíos; estos llegan sin previo aviso y a menudo sin buscarlos, pero existe la esperanza de salir adelante.

Recuerdo a un amigo que estaba profundamente atrapado en las drogas. Se percató del daño que se estaba haciendo y decidió cambiar su vida. Logró recuperarse y parecía haberse transformado en un hombre nuevo. Desafortunadamente, se quedó en el mismo entorno que propiciaba sus hábitos pasados. Sin el apoyo de una filosofía de vida sólida, volvió a caer. Esta vez, no logró recuperarse y finalmente perdió la lucha. Que su alma descanse en paz. Esta historia subraya la importancia de cambiar no solo a nivel personal, sino también el entorno que nos rodea. Debemos tener un rumbo definido, buscar apoyo y seguir nuestras guías de vida al pie de la letra.

Los seres humanos necesitamos voluntad, pero más que eso, necesitamos disciplina, conocimiento y aprendizaje, pero sobre todo, CREER. Cómo hacerlo conlleva tiempo y requiere apoyarse en la fe. Nada podrás hacer solo a menos que, como un Seyoista, estés altamente comprometido con la vida y la promesa de Dios. Repetir las historias que nos atan solo hará que el nudo de la vida sea más difícil de desatar. Debes salir a toda velocidad del ciclo enfermo que a veces nos impone la vida. Esas afecciones que otros ya dejaron y que andan por el mundo buscando almas para devorar, no son para ti.

## Una filosofía de vida que fortalezca valores y principios para lograr el ideal de vida sobrenatural.

Si desde temprana edad aprendiéramos a comprender nuestra existencia, podríamos construir un mundo ideal para vivir en armonía. Entenderíamos mejor la idea de una subsistencia después de superar las pruebas de la vida terrenal. Estoy seguro de que no somos materia destinada a ser usada y descartada. No, amigo mío, somos vida, y la vida es un pulso que no se extingue ni siquiera con la muerte. Esa es la promesa eterna del Creador. Somos una reliquia que el dador de vida desea conservar eternamente. Nosotros, al igual que conservamos los recuerdos como reliquias, seguimos vivos como si fueran presentes y eternos. Somos la única forma de vida en el mundo y tal vez en el universo con la capacidad de razonar. Aun así, argumentamos sobre la existencia de vida extraterrestre, pero a menudo dudamos de la vida más allá de nuestra existencia.

Debemos construir nuestro camino y crear una dirección. Esa dirección la adquirimos al desarrollar una filosofía de vida basada en lo que pretendemos alcanzar al final de nuestro tiempo: una vida plena, una eternidad de conciencia que perdure para siempre. Este es un pensamiento y un ejemplo de filosofía para la vida:

_"Vivir plenamente se fundamenta en un sentido de responsabilidad compartida, cuidando nuestro cuerpo, el ambiente y nuestro entorno familiar. Buscar constantemente la felicidad común, viviendo siempre agradecidos por la vida."_

El argumento presentado como filosofía de vida es sólido y ofrece una visión equilibrada y holística para vivir plenamente. Te invito a reflexionar sobre cada uno de sus componentes y a desarrollar un ejercicio donde puedas visualizar tu entendimiento y la medida en que puede ser favorable:

a. La responsabilidad compartida
b. Cuidado del cuerpo, el ambiente y el entorno familiar
c. Búsqueda de la felicidad común
d. Agradecimiento

> *Cada ser humano debería construir su propia filosofía, sin importar dónde haya nacido y bajo qué circunstancias.*

Las circunstancias en que llegaste al mundo, las condiciones en las que has vivido, ni las decisiones actuales o del pasado deben guiar perpetuamente tu destino. Todos tenemos derecho a ser mejores y debemos comenzar creyendo que es posible. Que nada te detenga y aquel que no respete tu ideal de vida, déjalo ir en paz. Nada debe desviarte de tu camino Seyoista.

## Una determinación consistente para lograr los anhelos de vida.

Los anhelos humanos pueden variar ampliamente entre individuos, pero en general, muchos buscan la felicidad, el amor, la realización personal, el éxito, la conexión con los demás, la seguridad, la libertad y la paz. Estos deseos están intrínsecamente diseñados para fomentar una coexistencia armónica. A continuación, te presento tres razones por las que estos anhelos son importantes y por qué deberías perseguirlos:

Propósito: Los anhelos son deseos que, una vez definidos, se convierten en nuestros propósitos y objetivos de vida, dándonos una razón clara para alcanzarlos y sentirnos realizados y listos para la próxima meta.

Motivación: Los anhelos pueden ser una poderosa fuente de motivación, impulsándote a trabajar duro y a superarte para hacerlos realidad. Si pierdes la motivación, no te preocupes, porque un Seyoista cuenta con una herramienta poderosa llamada disciplina.

Significado: Los anhelos nos proporcionan un sentido de existencia y dirección en la vida, lo que finalmente nos ayuda a sentirnos más realizados y felices por nuestros logros.

En resumen, si fuimos creados recibiendo la chispa de la vida de alguien que nos amó incluso antes de nacer, nuestro deber es perpetuar esa existencia. No nacimos para estar solos; estamos aquí para vivir, recibir, tomar, compartir y ofrecer oportunidades de vida que deberás compartir con otros. Este es un anhelo que nunca debe extinguirse. Cada aspiración individual nos impulsa a mejorar cada día, a luchar por nuestras metas y a mantener una visión clara de un final feliz en la película de nuestra vida. En última instancia, todos estos elementos deben conducirnos al ideal más grande de la existencia humana: VIVIR PLENAMENTE.

# Tienes en tus manos las seis llaves del Seyoista

Es importante que entiendas que las ideas y los pensamientos jamás serán concebidos hasta que no creas que sean útiles. Las constantes pruebas de carácter que enfrentamos a diario, o las oportunidades de crecimiento espiritual que nos presenta la vida en nuestro transcurso existencial, nos permiten acceder a seis llaves que abren el entendimiento del Seyoista. Estas seis palabras instituyen el porvenir que la vida ha de tomar de ahora en adelante: Atraer, Abrir, Diferente, Crear, Mantener y Emprender.

El Seyoista atrae lo positivo y lo nuevo lo hace suyo, conducido por una visión clara y razonable en beneficio propio y del mundo. Cuando estás en el camino correcto, eres un ejemplo para otros. La gente que te ve en paz y en gracia quiere ser como tú, tener lo que tú tienes, y a eso todo Seyoista debe aspirar. Por otro lado, el imán del Seyoista también atraerá fuerzas negativas. Sin embargo, estas no llegarán para quedarse, porque estamos preparados para deshacernos de ellas utilizando la sabiduría como nuestra mejor arma. Para el mal, el mayor obstáculo de permanecer en la vida de un hombre es que este tenga la gracia de una paz construida por el amor de Dios. Apréndete eso bien.

El Seyoista se abre a las posibilidades de crecer tanto en los momentos buenos como en la adversidad. El crecimiento espiritual y el desarrollo intelectual van de la mano y son la clave para lograr la intuición de hacer lo que es correcto. Por esta razón, cada ser humano debe tener una visión clara en la vida que enmarque el siguiente mensaje como un ejemplo: "El hombre buscará propiciar la sensibilidad, concibiendo en sus intenciones la integridad, en consecuencia de propiciar un equilibrio de espíritu y progreso de una vida en todo, para todos y de durabilidad". La transformación es inevitable.

Ser diferente comienza pensando de manera distinta y logrando acciones y resultados contrarios a los que el mundo espera. Es descubrir la verdad detrás de las cosas que el mundo nos presenta y cómo estas pueden fluir para tu beneficio personal. Por eso, es importante continuamente estar aprendiendo y creciendo espiritualmente, ya que ese continuo crecimiento del conocimiento nos hace diferentes a los demás, actuar de manera lógica y razonable, y nos defiende de los ataques sin tener que caer en conflictos improductivo. Después de todo, serás lo que decidas ser y tendrás lo que el mundo decida darte si te quedas en su territorio y no eres diferente.

Crear nuevas oportunidades e ilusiones. Nunca dejes de hacer cosas nuevas ni de mostrar tu potencial. Termina lo que te propongas, a menos que en el proceso descubras que puedes hacer algo mejor. Después de todo, vale más perder una parte del tiempo que perderlo todo. Fuimos creados con un propósito; descúbrelo y desarróllalo al máximo. Tus talentos son únicos; no los desaproveches. Créelo.

Mantenerte es la parte más importante del ser humano. Conseguir permanecer en la cima de las buenas acciones lo puedes lograr con:

- Trabajar inteligente y acertadamente con tu personalidad.

- Autoevaluarte sobre las experiencias vividas en tu desarrollo personal.

- Saber escuchar y tener la capacidad de discernir lo que otros te ofrecen.

- Mantenerte y perseverar en lo que has decidido hacer.

- Busca tener un buen equipo de trabajo a tu alrededor.

Es ser persistente en lo que estés haciendo en el momento, más que en todo lo que aspiras a tener en el futuro.

Finalmente, un Seyoista es un emprendedor. La idea concebida es construir una nueva forma de vida, donde todo lo que te aleja de la paz está preconcebido como algo que tiene solución. Se trata de nuevos cambios filosóficos para adaptarse y también de adquirir conocimiento nuevo. Está decidido a ser feliz, emprender una nueva disciplina de autocontrol y vivir plenamente agradecido por lo que tiene. Sigue por este camino, amigo Seyoista...

CAPÍTULO II

# SI HACES UN "UPDATE" DE TU VIDA, HABRÁ CAMBIOS

## Quién fuiste...

"Lo que pasó en tu vida tenía que pasar, lo importante es lo que serás y no lo que fuiste, aunque lo que fuiste te ayudará a no ser como eras".

Todo lo que hayas hecho o en lo que te hayas convertido hasta ahora, como una hoja arrastrada por el viento, quedará atrás. No debemos permitir que el pasado nos defina eternamente. Las experiencias vividas, buenas o malas, dejarán huellas imborrables en nosotros. Algunas serán recuerdos positivos que nos fortalecerán en momentos difíciles, mientras que otras serán partes del pasado que preferimos olvidar.

Recordar nuestro pasado tiene su valor para revivir los mejores momentos y reflexionar sobre las alegrías que hemos experimentado. Es importante también recordar que hemos sido bendecidos y protegidos por Dios, quien en muchas ocasiones nos ha salvado de caer definitivamente en el abismo. Al revisar nuestro pasado, recordamos tanto nuestros aciertos como nuestros desaciertos. Es crucial sacudir esos recuerdos que nos avergüenzan, ya que nos muestran lo vulnerables e ignorantes que fuimos y que posiblemente aún queden algunos remanentes con los que debemos trabajar. Sin duda, los buenos recuerdos son los que te ayudarán a reemplazar los desagradables.

Aprender de nuestros errores es esencial, porque de lo contrario, estamos condenados a repetirlos, cada vez con consecuencias más graves. Reflexionar sobre el pasado nos permite vivir plenamente en el presente y prepararnos para un futuro mejor. No debemos aferrarnos al pasado, pero tampoco debemos olvidarlo completamente; en lugar de eso, debemos usarlo como herramienta para aprender y crecer.

Los errores son valiosas lecciones para quienes transitan por la empinada senda de la vida. Aunque siempre pesarán en nuestro caminar, también son parte de la materia prima para construir un futuro mejor. No todos los errores son fracasos; muchos se convierten en grandes enseñanzas. El arrepentimiento es una emoción dolorosa pero curativa que es parte del avance en la vida. No te esmeres en culparte, sino en aceptar tu error y aprender a vivir de una manera diferente. Verás que lograrás superarte.

Es prudente en ocasiones seguir las huellas de un camino ya trazado en lugar de aventurarse a crear uno nuevo sin saber si es una senda segura. Por supuesto, es importante forjar tu propio camino, pero podemos aprender de aquellos con experiencia y usar su conocimiento como referencia para evitar sus errores. En la vida, es esencial estar atentos a los desafíos que enfrentamos y esforzarnos por no perjudicar a nadie en nuestro recorrido. Además, debemos ser creativos, saber cuándo escuchar, escribir para no olvidar y vivir orientados hacia la luz, siempre con la ayuda de Dios.

En definitiva, es importante entender que, aunque el pasado forma parte de nosotros, no necesariamente define nuestro futuro. A través de nuestras experiencias, tanto positivas como negativas, podemos aprender lecciones valiosas y crecer como personas. Si bien no podemos cambiar lo ocurrido, podemos decidir cómo enfrentaremos ello de cara al futuro. Escuchar a los demás, especialmente a quienes nos quieren y nos ofrecen consejos sabios, es crucial. Nadie lo sabe todo y siempre podemos aprender algo nuevo de los demás. Si aprendemos de las experiencias de otros y aplicamos esos conocimientos a nuestras vidas, estaremos en una posición mucho más fuerte para evitar cometer los mismos errores.

Aspirar a ser una mejor persona, hacer lo correcto, perdonar y pedir perdón, buscar el bienestar común, nos ayudará a superarnos y alcanzar nuestros objetivos futuros conforme a lo que Dios tiene planeado para nosotros. ¿Qué opinas?

## Quién eres...

"Vivir en la verdad no solo existe en tu conciencia, la cual es fiel a la disciplina y al compromiso por lo que decidas hacer; además, tu destino será imposible que se asemeje al pasado, porque ahora lo gobierna el buen proceder".

Si te preguntaran "¿Quién eres?", cuestionando tu existencia, y en lugar de simplemente proporcionar tu nombre, ¿qué dirías? Claro está, la respuesta podría variar según nuestra capacidad y fluidez de comunicación, pero aquí hay una posible respuesta que creo refleja sabiduría:

*"Soy la manifestación de un poder que existe. Mi identidad fue concebida más allá de un simple nombre. Soy el resultado de mi entorno, mis experiencias, mis decisiones y de las oportunidades que supe aprovechar. Soy un*

*estudiante perpetuo de la vida, aprendiendo de cada desafío y momento. Soy una parte interconectada de la existencia que busca contribuir al bienestar del mundo mientras intento ser un mejor ser humano, comprender lo que debí ser y no fui, y lo que no debí ser y fui."*

Esta respuesta refleja una visión universal de la identidad y destaca la importancia de la autoexploración y el crecimiento personal en la búsqueda de la sabiduría. <u>Ser una persona que refleje ante los demás un aroma especial marca el camino hacia el éxito personal</u>. La seguridad de saber quién soy me da confianza para valorar todo lo que tengo y lo que soy capaz de tener. Cada nuevo día trae consigo la oportunidad de reafirmar lo que soy y lo que aspiro a ser.

## Quién serás...

"Solo una cosa debes entender bien: vivir agradeciendo a quien te dio la vida. Lo que hagas en adelante es por gracia, y te lo debes a ti mismo".

Un Seyoista proyecta su futuro de manera coherente con sus valores y principios más profundos. Los valores son fundamentales en su vida. Busca alinear sus acciones y objetivos con lo que considera correcto y significativo, evitando comprometerlos por ganancias a corto plazo. He aquí la importancia de saber cómo actuar en la vida para que todas nuestras acciones sean dignas y ejemplares.

Si aun así no lo fueron, como ha sido el caso de muchas de estas enseñanzas, estás a tiempo de cambiar y, de ahora en adelante, saber a dónde vas dirigido y, sobre todo, quién serás en adelante. Vamos juntos a caminar por un mundo de valores, coherencia y sentido de pertenencia en esta vida corta que nos toca vivir.

Proyéctate al futuro como un verdadero Seyoista que está consciente de:

- La naturaleza y el ambiente son de todos; protégelos.
- Ayuda y ofrécete a otros sin esperar nada a cambio; sé empático.
- No presumas ni envidies; vive dispuesto, sé humilde.
- Evita desavenencias y enfrentamientos; sé paciente.
- No intentes acaparar riquezas, ni siquiera lo imprescindible; sé útil.
- Gana lo que es justo por tu esfuerzo; sé prudente.
- Aprende, estudia, crece; sé coherente y sabio.
- Un extra: No confundas el crecimiento intelectual con tu futuro "estatus" social; más bien, que tu desempeño en la sociedad sea producto de la

compatibilidad entre el desarrollo académico, la coherencia de valores y principios morales, la disciplina y, sobre todo, la humildad. A mayor oportunidad de educación, mayor solidaridad social debes tener. Sé sobrio en placer y soberbia.

## Una manera diferente de procesar valores

En nuestra conversación, te hablaré sobre los cinco valores desarrollados por la Academia Olímpica que, si los incorporas en tu vida y los ajustas a tu medida, pueden convertirse en guías fundamentales. El primero que te presento es el Juego Limpio. Es un as existencial que debe ser el norte de todos los que habitamos la tierra. Este valor te permite guiarte por la vida de manera consciente y transparente, haciendo las cosas bien y sin perjudicar a nadie en el proceso. Ser leal, auténtico y honesto son algunas de las virtudes que debes procurar en todo momento como persona pensante.

Ganar premios y reconocimientos mediante acciones deshonestas a la larga te traerá desengaños, ya que tarde o temprano serás juzgado por ello. No jugar limpio en la vida tendrá sus consecuencias; puede llevarte a sentir que engañaste a todos, incluyéndote a ti mismo, y como eres prisionero de tu propia maldad, no cuestionarás tu error. Sin embargo, si tienes la humildad de enmendar tus errores, podrás sentirte mejor. Es lo correcto. El Juego Limpio en la vida atrae fortuna espiritual, satisfacción personal y te libera de pensamientos de culpa. Por lo tanto, siempre debes esforzarte por hacer las cosas bien y rectificar tus errores. Eso es lo más importante.

Si tienes la oportunidad de ayudar y cambiar la vida de otros, debes hacerlo sin pensarlo, poniendo todo tu empeño y amor. Este es un principio de superación personal y un mandamiento de amor al semejante. Cada día que nos levantamos por gracia divina, tenemos muchas oportunidades de contribuir a cambiar el mundo de otros que son menos afortunados. Lo sorprendente es que, aunque tenemos esas oportunidades en nuestras manos, a menudo no las aprovechamos debido a que estamos demasiado enfocados en nosotros mismos y en lo que nos conviene, incluso cuando lo que hagamos sea deshonesto. Jugamos para nuestro propio beneficio, lo cual no debe continuar si eliges ser Seyoista.

No significa que no debas prestar atención a tus propias necesidades o a lo que puedes obtener; de hecho, para ayudar a los demás, primero debes estar bien contigo mismo y en paz con tu conciencia, como ya lo habíamos mencionado antes. ¿De qué sirve ayudar si detrás del "genuino" gesto se esconde la hipocresía?

Si adoptas el hábito de pre-evaluar las cosas antes de realizarlas, puedes considerarte un generador de paz. Al asegurarte de que lo que haces está proyectado de manera correcta, sin ataduras, plagio, vanidad o presunción, sabrás que estás haciendo lo correcto. Al final de cada día, podrás decir que tu actuación fue de acuerdo a tu filosofía de vida. De lo contrario, tendrás que corregir el rumbo que llevas. Escala tu propia montaña sin arrojar piedras a aquellos que intentan subir la suya, no importa el pasado o lo que te hayan hecho. Siempre sigue adelante, haciendo las cosas bien. Jugar limpio en la vida te hace parte de un equipo único de ganadores.

Si lo que llevas a cabo te causa felicidad y bienestar, es porque disfrutas plenamente lo que haces. Estás viviendo el segundo valor olímpico, Alegría del Esfuerzo. Esto se debe a que lo que haces cumple con los estándares de calidad de vida y excelencia necesarios para complementar tu felicidad y realzar tu valor personal. Sin embargo, debes entender que la vida puede ser impredecible y que las personas pueden hacernos daño. A pesar de ello, estas acciones inesperadas no deben alejar tu felicidad y complacencia. Siempre el perdón, la felicidad y la alegría son más importantes que cualquier agravio recibido. No significa con esto que no se le pedirá asumir responsabilidad a quien hace daño, pero sentirte en armonía gracias al perdón es lo importante.

Si haces una lista de las cosas que te hacen feliz, seguramente la familia estará en ella. Pero debes comprender que no siempre hacemos lo correcto y que nadie nace Seyoista; lo aprendemos en el proceso de vida. Tal vez, al final, todos podamos serlo. Así que vive alegre en y para todo lo que hagas y con la esperanza de que serás tú quien cambie el destino de muchos a partir de ahora. Disfruta la vida.

La Excelencia es el tercer valor olímpico y es una cualidad que siempre genera expectativas. Lograr ser excelente es un reto, pero es posible. Lo que lo hace difícil es que, debido a las circunstancias adversas que nos rodean, ya sea por factores materiales, humanos o nuestras debilidades, nos hacemos la idea de que no podemos ser excelentes en nuestro desempeño. Debemos siempre aspirar a ello; buscar la excelencia y ganar ese título en todo lo que hacemos es una meta realista.

En el trabajo, en la escuela, en la comunidad, en la iglesia o donde estemos, podemos lograr alcanzar la excelencia si así lo proponemos. Añade a la "canasta de artículos" los Conductores de Excelencia.

## Estos son:

- **Conocimiento:** crecer y ampliar nuestros campos intelectuales, desarrollar el pensamiento crítico y estar abiertos a los cambios. Si necesitas referencias, puedes utilizar las múltiples experiencias de vida expuestas en el libro sagrado de la Biblia.

- **Entendimiento:** esfuérzate por comprender el porqué de cada situación. Entender qué hay detrás de los signos que la vida nos presenta es fundamental. Si algo no está saliendo bien, es porque no lo estamos haciendo de la manera correcta y debe corregirse para mejorar.

- **Conciencia:** saber que todo lo que hago tiene un fin moral y ético me lleva a querer ser mejor cada día en todo lo que busco hacer. Vivir libre de ataduras mentales me conduce definitivamente a la realización plena y a la búsqueda constante de la excelencia.

- **Paciencia:** perseverar en la lucha, ganar fuerzas en las caídas, convertir los fracasos en lecciones de vida y seguir abriendo puertas me dan la experiencia para perfeccionar mi manera de proceder.

- **Ejecución:** ir tras la ruta establecida, lograr el objetivo, seguir creciendo sin detener el reloj del tiempo y vivir para ser feliz. Buscar hacer lo mejor en todo lo que me proponga durante el tiempo que lo lleve a cabo.

La excelencia es un título que, aunque no debe ser para enaltecer la personalidad por encima de otros, es a lo que todo ser humano debe aspirar.

El Respeto es el cuarto valor y se relaciona directamente con la conducta, disciplina, amor propio, los pensamientos y acciones, y el trato a los demás. Si fueras a medir el respeto en tu escala del uno al diez (1-10), ¿qué puntuación te darías? A menudo, esperamos que el mundo nos valore, nos quiera y nos proteja en lugar de hacerlo nosotros primero. Si no te valoras, nunca esperes que otros lo hagan.

El mundo, y me refiero a los líderes, ponen su necesidad sobre el respeto a la vida, a la naturaleza y a lo que es sensato y razonable. Nos están llevando poco a poco a la destrucción. Perjudicamos al medio ambiente sin medir las consecuencias. Vivimos temerosos por la falta de seguridad. Tenemos un sistema de salud precario diseñado para generar ganancias y no para promover la salud, y un sistema educativo que no se adapta a los nuevos tiempos, entre otras cosas.

Todo gira en torno a la adquisición del poder; ya no hay respeto por nada. Por eso estás aquí, para comenzar un cambio social hacia una nueva manera de pensar. No perdamos la fe; tenemos que seguir luchando por el ideal de vida. Si somos mejores, otros nos imitarán y, poco a poco, lograremos el cambio esperado. Tomará tiempo, pero al final, valdrá la pena. Esa es la promesa de Dios.

Ahora estamos en camino de mejorar y emprender nuestra nueva vida. En lugar de decir "voy a tratar", debemos decir "lo haré", con determinación. Debemos avanzar con más fuerza en busca del equilibrio que lo hace posible. Recuerda que el respeto nos guía por la dirección correcta hasta llevarnos al éxito junto al ideal de vida que anhelamos.

El quinto y último valor es el Balance, que es la química perfecta del cuerpo. Cuando nuestro cuerpo sufre algún problema físico, es porque la química de nuestro cuerpo se ha desequilibrado, ya sea por alguna enfermedad, virus, desorden hormonal o accidente. Esto no es lo funcional ni lo correcto para nuestra estructura, y nos causa desequilibrio. Por lo tanto, lo común es buscar la ayuda de un médico para que nos estabilice. Si tenemos éxito, podremos seguir bien, pero debemos procurar evitar volver a caer. Si no logramos estabilizarnos, tendremos que aprender a decir: "esto es temporal, pronto se irá de mi vida". Resignarse no es la respuesta adecuada. El mundo no se acaba hasta que Dios lo quiera, y Él escribió un final feliz en la película de la vida, a menos que tú decidas rendirte antes.

Es importante entender que todo ser humano debe buscar el balance en su vida, en lo natural, lo físico, lo espiritual, lo mental y, hasta cierto punto, con los placeres sin excesos. Esta es la ruta correcta para alcanzar la felicidad. Por otro lado, una vida sin control nos traerá, tarde o temprano, cargas negativas que nos irán consumiendo poco a poco hasta hacernos desaparecer del panorama. Por eso, es importante vivir en perfecta armonía. No debemos dedicar todo nuestro tiempo a otros olvidando que nosotros también somos parte de la ecuación. Solo creando un balance podremos vivir plenamente.

Si te has dado cuenta, esta cadena de eventos de la que te he hablado comienza con hacer las cosas bien sin dañar a nadie, disfrutar de la alegría de la vida, buscar siempre mejorar y ser excelentes en lo que hacemos, respetarnos primero y luego respetar al mundo para finalmente vivir una vida en equilibrio y armonía. Todo esto, unido en una sola dirección, nos convertirá en seres perfectos ante la Creación y en un faro de luz para los demás.

Recuerda que siempre habrá alguien dispuesto a guiarte y ayudarte. Es recomendable buscar siempre la ayuda de alguien o algo que nos brinde sabiduría, claridad y apoyo en nuestro camino. Como dijo un gran amigo:

*"Hay personas que pretenden alcanzar grandes metas y llegar a las puertas del triunfo solos, con sus propias fuerzas. Algunos se creen tan importantes que no necesitan a nadie para triunfar. Sin embargo, se equivocan. En ocasiones es preferible llegar más tarde en compañía de otros que llegar primero y solo. Además, si miramos a nuestro alrededor, nos daremos cuenta de que los grandes triunfos del pasado y las grandes obras de la humanidad se han realizado gracias al trabajo en equipo. Solo por un momento, piensa qué sería de nosotros sin la colaboración de un compañero, sin una mano amiga o sin una cálida sonrisa y la bendición de Dios. Tal vez solos podemos ganar una batalla, pero quizás perdamos la guerra. La posición, el poder, el dinero y la popularidad no engrandecen al hombre."* — Ricky López Marti.

Las palabras que hemos compartido hasta ahora reflejan nuestra forma de pensar. Creemos firmemente que, en buena compañía, se logran mejores resultados. Por eso, te recordamos la importancia de regalar amistad sin entregar toda tu confianza. Deja que el tiempo construya relaciones sólidas y duraderas que te lleven a descubrir el camino hacia la eternidad.

El éxito no llega de la noche a la mañana; se construye con buenas acciones, buena vibra, amigos verdaderos, tiempo de calidad en soledad o en compañía, y metas claras y alcanzables. Al final del día, si has dado lo mejor de ti y has cumplido tus objetivos, podrás descansar en paz bajo un techo de estrellas. Dormirás con una sonrisa en el rostro, como aquel enamorado que vive cada momento con intensidad. Ya sea bajo el sol, la lluvia, el viento o la tempestad, solo disfruta de estar vivo y seguir. Te aseguro que tu próximo día será igual o más grandioso que el anterior. Y lo mejor de todo es que puedes lograrlo con lo que tienes en este momento, sin esperar a tener más o estar mejor, porque el tiempo, amigo, no espera.

No te preocupes por ser el centro de atención del mundo; sé la estrella de tu propia existencia, y no le quedará remedio al mundo que reconocerte. A veces, ser invisible ante los demás te hace más visible ante Dios. Los buenos ejemplos se contagian y se multiplican sin necesidad de protagonizarlos. Cuando las buenas acciones hablan por sí solas, el mundo las reconoce y se inspira en ellas.

Recuerda siempre perseverar en la búsqueda de tus objetivos. Haz que sea tu filosofía existencial y no te rindas hasta alcanzarlos. Aunque las batallas sean duras y a veces parezca que estás perdiendo, insiste y persiste. Al final, cuando llegue el momento de descansar, te darás cuenta de que has escrito tu propia historia y, a pesar de haber perdido algunas batallas, has ganado la guerra.

Si has llegado hasta aquí, es porque has perseverado en la incansable búsqueda de inspiración. Te aseguro que encontrarás algo que te servirá de manera efectiva. Sigue adelante, nunca te detengas. Eres capaz de lograr todo lo que te propongas.

## ¿Fallaste en el intento de ser diferente? "Chequea" esto...

Perseverar en hacer el bien después de haberse alejado de la verdad puede ser un proceso desafiante, de cambio y que requiere una nueva adaptación mental, pero es absolutamente posible y esencial. Aquí te expongo algunas sugerencias que podrían ser útiles para ayudarte a perseverar en la vida:

**Reflexiona sobre tu pasado**: haz una revisión honesta de tu vida pasada y reconoce las áreas en las que te alejaste de tus valores o de lo que consideras "hacer el bien". Aprende de esos errores y utiliza esa comprensión para impulsarte a ser mejor. No permitas que el pasado te arrastre hacia atrás.

**Arrepentimiento y perdón**: si te sientes arrepentido por tus acciones pasadas, busca el perdón, tanto de aquellos a quienes pudiste haber lastimado como de ti mismo. Cultiva la autocompasión y aprende de esas experiencias para seguir adelante con mayor sabiduría y fuerza. Libérate del peso emocional que llevas contigo.

**Reconexión espiritual:** si deseas retomar una relación con Dios, busca la conexión espiritual a través de la oración, la meditación o la participación en una comunidad religiosa. Explora tu fe y encuentra prácticas que te ayuden a fortalecer tu relación con el poder divino. No obstante, incluso si no crees en nada, no te preocupes, que Cristo cree en ti.

**Cultiva virtudes:** identifica tus virtudes, cualidades y valores, y trabaja en desarrollarlos. Incluye la bondad, la compasión, la honestidad, la generosidad y la paciencia, entre otros. Establece metas a corto plazo y da pequeños pasos cada día para cosechar buenos frutos de esas cualidades.

**Busca hacer el bien en los demás:** encuentra formas de servir y ayudar, ya sea a través del voluntariado en organizaciones benéficas, apoyando a personas necesitadas o simplemente ofreciendo una palabra amable. Buscar oportunidades para hacer el bien te ayudará a mantener el enfoque en acciones útiles para la sociedad.

**Rodéate de influencias positivas:** busca compañía de personas que compartan tus valores y te inspiren a ser una mejor persona. Mantén una red de apoyo en amigos, organizaciones y seres queridos que te animen en tu búsqueda de hacer el bien.

Recuerda que insistir en hacer el bien en la vida es un viaje continuo. No importa cuál haya sido tu pasado, siempre tienes la capacidad de cambiar y crecer. Con determinación, auto-reflexión y el deseo genuino de hacer el bien, puedes construir una vida significativa y llena de propósito.

# Preguntas universales que debes conocer

Vamos a hacer un ejercicio. El escritor universal León Tolstói nos dejó un hermoso y reflexivo cuento que, más de un siglo después, sigue siendo una referencia indiscutible para un Seyoista. Se titula *"Las tres preguntas"*[1]. Debes leerlo o escucharlo si aún no lo has hecho. Trata sobre un zar ruso que busca respuestas a tres preguntas que, para él, son la clave para alcanzar la plenitud humana todos los días

---

[1] *"Las tres preguntas"*, León Tolstói, 1903 (https://www.youtube.com/@pepeitu1)

de su vida. Pero, antes de leer o escuchar el cuento, responde a estas tres preguntas extraídas del cuento:

- ¿Cuál crees que es el momento más oportuno para hacer cada cosa?
- ¿Quién es la gente más importante con la que debes estar?
- ¿Cuál es la cosa más importante para hacer en todo momento?

El afamado escrito nos lleva por un recorrido de profunda reflexión. En el transcurso de la vida, cada persona tiene la oportunidad, en cada instante, de hacer algo grandioso. Tomar una decisión importante que cambiará el destino o rumbo de su vida o la de otro. Esto ocurre cada segundo de tu existencia y en cada cosa. Piensa por un instante qué hubiera sido de ti si hubieras tomado otra profesión o cuando elegiste tu primer trabajo. ¿Dónde estarías hoy? ¿Estás donde deseas estar? ¿Todo te va bien? ¿O no fue lo que esperabas?

Podemos decir que el momento más oportuno es cuando, durante el día, hacemos de cada cosa algo importante, donde unimos el amor, el corazón y estamos convencidos de que es lo correcto. Insisto en que serán muchas las veces al día en que esto puede ocurrir y la posibilidad de equivocarnos está presente. La vida es como un juego de ajedrez; a veces dependemos de la mejor jugada de otro para poder ejecutar el jaque mate de la victoria. Todo lo que decidas hacer tiene un valor incalculable. Vale la pena dedicarle tiempo a reflexionar sobre nuestros actos antes y después de llevarlos a cabo.

La persona que debes tener a tu lado será siempre aquella que se preocupa por ti, incluso si tú no lo haces. Aquella que te valora, te enseña y educa con sus ejemplos. Aquella que permanece callada y está contigo cuando lloras tus desdichas. Piensa en este momento cuántos amigos así realmente tienes que estén dispuestos para ti cuando los necesites. Seguramente no serán más que los dedos de una mano. Si decides quedarte solo y te sientes mejor así, valora ese instante y disfruta el momento que cambiará tu vida. Pero no te hagas indiferente al dolor ajeno o a la desgracia de otros. Un Seyoista está dispuesto a ayudar y ofrecer lo que tiene en abundancia o lo poco que le queda.

Finalmente, lo más importante que debiste haber hecho en cada momento del día será aquello que conmovió el corazón de quien estuvo a tu lado. Aquello que necesitó y allí estuviste para él y los suyos. Haz el bien incluso con aquellos que no te valoran. Nada te llevarás al final de tus días que pese tanto como el orgullo, los logros y triunfos personales, las riquezas acumuladas en bancos y todo lo material. Al final, lo que realmente pesa y puedes llevar son tus actos de bondad, tus sacrificios, la riqueza acumulada en conocimiento y lo que diste a otros. Tus ejemplos, consejos y, sobre todo, la gratitud por la buena vida que te dio el Creador. Reflexiona sobre estas preguntas universales. Analiza cada una en el contexto de cómo estás viviendo y cómo tomas tus decisiones. Te ayudarán a vivir mejor.

## No está mal emprender una nueva filosofía de vida

Cómo hacer que la vida tenga sentido y dirección? ¿Cómo puedo mejorar mi relación con mi familia y con el mundo? Para responder a estas preguntas, debes cuestionarte qué estás haciendo y qué te conduce o guía a través de la vida. La filosofía que desarrolles y pongas en práctica cambiará radicalmente tu modo de ver las cosas. Te recomiendo que vivas con un propósito claro, sostengas tus sueños y anhelos. Esto te lo puede ofrecer una nueva filosofía de vida.

En un Seyoista, la filosofía de vida es, en esencia, su sustento; es como una cantimplora de agua a medio llenar en el desierto, que se conserva solo para beber de ella en los momentos más difíciles de la vida, con control y disciplina. Definitivamente, el Seyoista es un conductor de energía positiva que sabe y logra neutralizar los elementos negativos que la vida nos presenta.

Parece que la atmósfera de la tierra está llena de cosas fuera de control o desordenadas. Lidiar con ellas es un reto que, en ocasiones, se convierte en una pesadilla. Al no poder controlar los impulsos negativos que estas vibraciones cargan, pueden desanimarte y hacerte desistir de tus sueños. Es importante que entiendas que no tienes que dejarte imponer criterios que no son parte de tu conducta. Yo adopté esta filosofía, que poco a poco he ido introduciendo en mi conciencia con el objetivo de hacerla indispensable. Estoy convencido de su eficacia. Los que somos y seremos Seyoistas describimos la filosofía de vida de la siguiente manera:

*"Permanecer en cumplimiento con las obligaciones y responsabilidades naturales de la existencia, teniendo presente la importancia de propiciar un ambiente armonioso y en vigilancia constante de lo naturalmente correcto, marcando una línea protectora e impenetrable para preservar la dignidad e integridad en todo y de todos".*

Las obligaciones y responsabilidades naturales de la existencia (siete principales) son aquellas que nos permiten vivir en armonía con los hombres, la naturaleza y la espiritualidad, entre otras cosas, aun cuando estas nos presentan dificultades existenciales. (En los talleres que ofrecemos como Seyoistas abundamos sobre cada una de ellas).

Contesta las siguientes preguntas como ejercicio exploratorio. Son preguntas fáciles con respuestas que parecen difíciles, pero que nos retan:

- ¿Es racional vivir la vida sin un propósito personal? ¿Por qué?

- ¿Cómo podemos encontrar el significado de la vida?

- ¿Por qué retar la muerte si deseamos seguir viviendo?

- ¿Qué es importante, y por qué lo importante no es prioridad?

- ¿Por qué te preocupas por lo que no puedes cambiar?

- ¿No es más importante lo que tú hagas por ti y el amor propio que te tengas, en lugar de estar pendiente de lo que otros puedan darte o pensar de ti?

En otras palabras, preocúpate por hacer las cosas bien en un clima de armonía y paz, protegiendo la dignidad e integridad de todos en todo momento. Así de fácil. La filosofía que decidas construir y hacer tuya te ayudará a enfrentar los momentos difíciles de la vida con fuerza y determinación. Verás que esta filosofía posee un gran poder sobre tus acciones.

# Capítulo III

# EL CONTROL PERSONAL COMO MEDIO PARA RESISTIR

"La vida es dolor,
y el disfrute del amor es anestesia".
***Cesare Pavase***

"Perdí un amigo y poco después rompí con mi prometida. Me afectaron tanto estas cosas que me recomendaron buscar ayuda, lo cual hice. Me senté al lado de un hombre que esperaba turno en la oficina médica. Una vez nos presentamos y comenzamos a conversar, hablamos de la vida, la soledad, el dolor y la angustia. Fue una conversación interesante para alguien como yo, que estaba a punto de sumergirse en una terrible depresión. Lo que noté fue que nada de lo que dijo aquel hombre fue con tristeza, todo lo contrario. No comprendí del todo, pero tampoco le pregunté por qué estaba allí. Me sorprendió ver a un hombre lleno de felicidad y positivismo en un lugar donde solo acuden los que están agobiados, los que, como yo, no encontramos esperanza y nuestra sonrisa se ha apagado.

Cuando llegó mi turno, varias horas después, descubrí que el psicólogo que fui a visitar necesitaba un psicólogo urgente; no podía ocultar mi sorpresa, ni él la suya. El paciente que conocí en la sala de espera, a pesar de haber perdido a su esposa y sus tres hijos en un aparatoso accidente, vivía feliz y conforme con el tiempo que estuvieron juntos. El psicólogo limpió una lágrima de sus ojos y me dijo que ese hombre le enseñó a liberarse de luchas que él sabía no podía ganar, y le mostró cómo seguir su camino sin olvidar lo dejado atrás, porque al final de todo, nuestro presente y el futuro es lo que realmente cuenta. "Será como yo decida que sea", le afirmó. Desde ese momento, comencé a ser diferente".

Si has reflexionado sobre la historia que te he compartido, habrás notado que existen problemas y sufrimientos en la vida que son iguales o incluso mayores que los tuyos y los míos. De hecho, hay personas que han enfrentado desafíos aún mayores y han logrado salir adelante, mientras que otras simplemente se rinden. Si te encuentras en esta última situación, quiero ofrecerte un salvavidas. A partir de ahora, tendremos conversaciones extensas, pero te aseguro que valdrán la pena. Aquí encontrarás algo que sé que te ayudará.

Para comenzar, quiero aclarar mi perspectiva sobre el término molestia o dolor (como acostumbramos a llamarlo), que mi autor ha compartido con sus estudiantes y atletas a lo largo de su vida como maestro y entrenador. "La molestia, ya sea física o emocional, nos afecta adversamente a unos más que a otros. Desde mi punto de vista, ese 'dolor' es o puede ser un estado de impotencia en el que la incomodidad generada por un trauma físico o emocional puede afectar nuestro rendimiento, pero también puede deberse al ejercicio físico extremo".

En el caso del dolor emocional, que es el que nos ocupa como Seyoistas, puede surgir de igual manera por factores internos o externos. Cuando es interno, se debe a cómo experimentamos algo a causa de:

- Un estado temporal o perpetuo

- Un sentimiento en particular

- La forma en que percibimos las cosas que nos suceden

- La frustración al no lograr algún objetivo

- La pérdida de una gran oportunidad o de algo que deseamos

- La pérdida de alguien que amamos

- Errores de juicio o malas decisiones

- El sentimiento de fracaso y falta de apoyo.

Esa molestia o dolor emocional nace y crece en nosotros debido a la falta de un adecuado proceso de crecimiento emocional y madurez personal. Esa es una enseñanza esencial de los padres principalmente, aunque se lleva a cabo muy poco.

Por otro lado, el dolor emocional externo se debe a que nos solidarizamos con personas que sufren o padecen, por situaciones sobre las cuales no tenemos control o por lo que ocurre a nuestro alrededor. Todo esto nos hace sentir impotentes.

Es común escuchar la frase atribuida a Buda: "El dolor es inevitable, el sufrimiento es opcional". Y es precisamente de eso de lo que quiero hablar contigo. La RAE define el dolor emocional como un "sentimiento de pena y congoja". Es importante reconocer que este tipo de molestia es una parte natural de la vida humana. Puede presentarse en cualquier momento y, como dije antes, de diversas maneras, a veces disfrazado o simplemente llega sin esperarlo. Una vez está presente en nuestra vida, se queda el tiempo que le permitas. Sin embargo, es crucial entender que ese "sentimiento" no es más grande que tú. A través de la reflexión y la lectura, podrás comprender por qué es así.

Hasta ahora te he llevado a visualizar el término para estar claros. Debes entender que no solo tú lo sufres; al igual que a ti, nos ocurre a familiares, amigos, vecinos y a muchos otros que viven atrapados en el sufrimiento emocional. En ocasiones tenemos una pared que derrumbar, y en nuestro costal solo tenemos un mazo, mientras que otros solo tienen sus manos. Cuando nuestro problema o situación nos quita el ánimo y la paz, hay personas que luchan sin detenerse y con determinación para salir adelante y estar en paz con la vida. Nada está aquí para quedarse, ni siquiera la vida terrenal. Reflexiona.

## Las diferencias entre situaciones comunes

El pobre desempeño atlético y la falta de motivación de un equipo hacen que su excelente y mejor jugador caiga en la frustración y, al igual que todos, se rinda. Ante una leve lesión, decide abandonar el partido. Aunque físicamente podría continuar jugando, su frustración hace que el dolor causado por la lesión sea más agudo (mentalmente) y le impide seguir adelante. Es así como hacemos de una molestia algo más grande de lo que realmente es, y esto afecta la manera en que nos enfrentamos a las situaciones. Cuando estamos ausentes en la vida de nuestros hijos, ellos pagarán por no saber cómo superar obstáculos. Nuestra presencia en sus asuntos es vital para su crecimiento cognitivo e intelectual. Debemos prepararnos para saber cómo guiarlos por la vida. Esto aplica tanto a los padres como a quienes no lo son. El desarrollo cognitivo e intelectual conlleva práctica, lectura y comprensión. La buena noticia es que todavía estamos a tiempo. Con el deseo de aprender y la capacidad de entender que somos seres humanos capaces de superarnos, no importa la magnitud del problema o dolor, podemos lograrlo. Recuerda que el dolor emocional solo tiene su espacio cuando permitimos que nuestra alma se pierda en el lado oscuro de la angustia; allí se aloja como un huésped inoportuno sin tiempo de salida. Cuanto antes lo enfrentes, menos tiempo estará en tu posada, la cual solo tiene espacio para la paz, la armonía y el disfrute.

A modo de ejemplo, te mostraré dos situaciones similares con personajes de la misma edad, pero con diferentes tipos de desarrollo cognitivo e intelectual. Los resultados son significativos gracias al poder de transformación de la mente. La seguridad y confianza en el individuo se crean gracias a la experiencia de la conducta familiar y al desarrollo individual de la capacidad humana. Reflexiona también sobre tu desempeño como padre si lo eres.

**Primera situación:** un jugador de gran potencial, en plena serie final, pierde a su hermano menor debido a una terrible enfermedad. Nunca se le pidió al jugador que regresara a juego después de esa tragedia, pero él deseaba hacerlo. Sabe lo importante que es su participación para el éxito de su equipo, pero esta situación lo impacta tanto emocionalmente que no logra superarla. A pesar de recibir el apoyo de todos sus compañeros, el joven atleta intenta regresar al juego, pero sus actuaciones son desorganizadas y erráticas, posiblemente debido a la falta de concentración, entre otras cosas. Al final, el resultado, además de no ser el esperado, llena de más angustia el momento triste que está atravesando el joven atleta.

**Segunda situación:** un jugador de gran potencial, en plena serie final, pierde a su hermano menor debido a una terrible enfermedad. Esta situación lo impacta tanto emocionalmente que lo hace reflexionar sobre la vida. Sufre la pérdida de alguien que amaba con gran intensidad. Pide a su entrenador volver a jugar, a pesar de que este le pide que no lo haga y que permanezca al lado de su familia. Este joven jugador se enfrenta a la realidad y le dice a su entrenador que cada partido, jugada o momento de juego será un regalo en honor a su hermano fallecido. Aseguraba convencido que su hermano estaría sentado en las gradas. Esta actitud de grandeza espiritual crea un ambiente de motivación generalizada en el equipo, lo que cambia el momento de juego y el resultado final.

No importa si el resultado fue favorable o no; la actitud asumida ante el terrible dolor de la pérdida transforma la mente de todos y completa el ciclo de la vida de una manera positiva. Así, a diario nos enfrentamos a situaciones complejas y simples que exigen que completemos el ciclo de la vida en armonía, amor y respeto. Hay quienes viven para el dolor y otros para quienes el dolor no les impide seguir viviendo.

## Preguntas para reflexionar sobre los ejemplos pasados:

- ¿Qué conductas crees que hicieron la diferencia en estas dos situaciones?

- ¿Qué actitudes puedes mencionar que puedan influir en el desarrollo y preparación para la vida de los jóvenes?

Enumera algunos motivos o circunstancias del entorno social que pueden influir en las actitudes humanas.

Una persona que ha pasado por una historia similar a la expuesta en la primera situación y no tiene la fuerza ni el conocimiento personal para superarlas, quizás nunca pueda superarlas, cargando con ellas toda la vida. El apoyo siempre es importante y debe llegar de la mano de la familia, un profesional y otras alternativas de ayuda como la educación, el entorno social y sus componentes, un amigo, o un libro que cambie su vida. También tienes disponibles iglesias, sacerdotes o pastores, maestros, trabajadores sociales, buenos y confiables amigos, entre otros, que te guiarán a superarte. Eso se espera de cada miembro de la sociedad. Hazlo, inténtalo como lo haría un Seyoista.

## Crea un estado de conciencia favorable y positiva

Al iniciar nuestro viaje hacia una transformación personal, descubrimos el poder de una conciencia favorable y positiva sobre la molestia emocional. A través de la práctica diaria de la gratitud y la reflexión, comenzamos a cultivar un estado mental que nutre nuestro crecimiento y bienestar. Reconocemos que nuestras percepciones y actitudes pueden moldear nuestra realidad y nos comprometemos a elegir conscientemente pensamientos y emociones que nos impulsen hacia adelante, no los que nos detienen. Al sintonizarnos con lo positivo en nuestras vidas, abrimos las puertas a nuevas posibilidades y nos preparamos para recibir con gratitud cada momento que el universo nos ofrece.

Recuerda que los eventos difíciles siempre estarán dispuestos a entrar en nuestro mundo. No te dejes llevar por esos momentos; sé fuerte siempre y en cada situación, ya sea personal, familiar, un problema o una enfermedad. La ayuda externa para desarrollar una conciencia fuerte es vital. Sabes que hay muchas personas que dependen y se preocupan por ti; si no fuera ese tu caso, seguramente alguien te ama y sufre en silencio por tus caídas y sufrimientos. No lo olvides. Tampoco digas que no eres importante; tú sí lo eres, porque la naturaleza misma de la existencia así lo ha establecido.

<u>Existes, y el porqué de tu existencia tiene vigencia en tu ser. La vida del ser humano es un constante crecer, hacer, cambiar y vivir para sobrevivir.</u> Persevera y lograrás salir adelante. Míralo de esta manera: todo lo que te ocurre tiene un propósito, y no olvides que alguien en algún lugar sufre más. No reniegues, acéptalo, compártelo, ofrécelo y lo vencerás.

El dolor emocional es poderoso y, aunque puede ser difícil de enfrentar, reconocer su presencia es un primer paso importante hacia la sanación. Todos estamos expuestos. Podríamos decir que el dolor es una constante en la vida humana, una forma de superar nuestra conciencia y nuestra forma de vida, tal vez condicionadas por la sociedad en la que vivimos. Debemos enfrentarlo con la misma determinación con la que afrontamos las incertidumbres de un nuevo día, llenos de esperanza, aventuras, ilusiones, fuerzas y deseos. Habrá muchos que lo logren y otros que no, pero tú puedes ser de los que sí lo consiguen.

¡Detente por un momento! Piensa por qué no te liberas ahora, por qué no liberas tu alma en este momento de esa angustia, de esas culpas, de ese miedo a perder, a fracasar, o a que te vean como eres. Sea lo que sea que te hace daño; eres tú quien vive. No sigas pensando en lo que otros puedan pensar de ti. ¡LIBÉRATE! Crea tu estado de conciencia y continúa adelante.

## Una historia para reflexionar:

Un joven parecía feliz viviendo en un lugar humilde y pobre. Eran personas trabajadoras y en lucha constante con la vida. Aprovechaban al máximo todo lo que poseían y podían hacer. Un día, este joven salió con su padre a la ciudad; era la primera vez que abandonaba su comunidad para ir a mercadear los productos. Se sentía emocionado e intrigado por lo que veía, ya que en el pueblo se contaban grandes anécdotas sobre la ciudad. Al llegar a la gran urbe, se maravilló por todo a su alrededor. En los estantes contempló cosas que deseaba profundamente tener, aunque sabía que le era imposible.

La belleza natural del lugar y la curiosidad despertaron en él dos emociones contradictorias: primero, alegría e ilusión, y luego, impotencia y desilusión. Su padre no pudo comprarle nada; las ventas del día fueron lentas, había una competencia desleal y un monopolio difícil de romper para su clase. Al atardecer, regresaron a casa con la mayoría de la mercancía. Después de esa experiencia, el joven sintió frustración y supo que tenía que cambiar y abrirse camino en la vida. Su actitud se transformó en la de un joven introvertido y desilusionado, incluso con los suyos.

Varios años después, cuestionó a su padre sobre su proceder en la vida y por qué tenía que ser así. Sin esperar respuesta, ya con la edad suficiente, se marchó. Abandonó a su familia, se fue en busca de lo que el nuevo mundo y la ciudad le habían mostrado una vez, y se estableció en ella. Con el tiempo, consiguió trabajo y logró avanzar hasta obtener lo que una vez anheló.

Trabajó con la certeza de darles a sus hijos lo que a él no le dieron. Sin embargo, después de muchos años, sumergido en una vida material y de constante trabajo, entendió que su tiempo era una carga muy pesada. Disimulaba su alegría alejado de la felicidad que alguna vez pensó que obtendría en la nueva ciudad. Aunque al principio no pensaba mucho en lo que había dejado atrás, con el tiempo en su contra, las cargas de su conciencia comenzaron a aflorar.

Nunca regresó al lugar donde nació; sentía mucha vergüenza, pero cada día era un tormento pensar en la familia que dejó atrás. Nunca supo más de los suyos ni qué había sido de ellos. El tiempo, que aunque lento es constante, le tocó a su puerta. Una larga enfermedad lo consumió. Murió en la ciudad, rodeado de hijos y nietos, a quienes les confesó antes de morir que nunca pudo superar el dolor y la culpa de haber abandonado a su familia. En su agonía logró confesar: "Mi conciencia no pudo alcanzar la paz."

Si encuentras en el camino de la vida momentos que jamás hubieras imaginado y decides tomarlos, debes ser agradecido con la vida. Todo son oportunidades que van y vienen; las tomas junto con todo lo que conlleva y las devuelves al final con todo lo que has ganado, porque después de todo, nada te llevas. La posibilidad de caer es real, aunque logres mejorar tus condiciones. Encontrar la manera de sobrellevarlo es lo verdaderamente importante, y ese es el reto que tienes a partir de ahora, pero debes saber escoger tu camino. Reflexiona sobre este pensamiento: "Busqué tantos caminos para encontrar la libertad que terminé preso del cansancio. Comprendí entonces que la libertad no se busca, se vive."

*(Del poemario "Versos descalzos para Milena" [2])*

Es difícil lidiar con la culpa o el fracaso. Cuando cometemos un error, a menudo nos abruma la vergüenza y, si no la superamos, puede hacernos infelices. No te permitas creer que lo que te hace daño está arraigado en ti. Ánimo, confirma lo contrario, valórate y enfrenta cualquier creencia negativa. Recuerda que nadie debe desvalorarse. Vive, hazte feliz, y con ello, harás felices a otros. ¡Dirígete al éxito en la vida!

## Una alternativa para mejorar: ¿Qué necesitas para enfrentar la adversidad?

Cada persona sabrá si busca, y si su mente está altamente preparada y educada espiritualmente. Si estás aferrado a la idea de que puedes superarlo todo, si vives con buenos ejemplos, si escuchas, si creces intelectualmente y si crees en Dios sobre todas las cosas, estás destinado a vencer

---

[2] *"Versos descalzos para Milena"*, Raféelo Marti, 2022 (https://www.amazon.com/-/es/Raf%C3%A9elo-Marti/dp/B0BGKTLBF4)

todo. No te desanimes; aquí encontrarás algunas ideas o vivencias que podrían ayudarte a avanzar en la vida, incluso si nada de lo que mencioné anteriormente está contigo ahora.

Permíteme seguir avanzando contigo. Vamos a hacer un breve ejercicio de autoevaluación. Date una valoración de acuerdo a tu perfil actual y luego suma todos los resultados. Al final del libro encontrarás el Anexo #1 con los posibles resultados según tu puntuación.

## Prueba de Excelencia personal (5 es lo mejor):

| | +Valor | 5 | 4 | 3 | 2 | 1 |
|---|---|---|---|---|---|---|
| Premisas | | | | | | |
| Tu actitud ante los errores | | | | | | |
| Cuánto conoces de quienes aprendes | | | | | | |
| Cuán dispuestos estás a hacer cambios en tu vida | | | | | | |
| Es importante tu imagen ante los demás | | | | | | |

| | | | | | | |
|---|---|---|---|---|---|---|
| Tu determinación ante retos y frustraciones | | | | | | |
| Tus logros personales, estudios y superación | | | | | | |
| Cuán disciplinado eres realmente | | | | | | |
| Me autoevalúo con regularidad | | | | | | |
| Soy empático y solidario | | | | | | |
| Aporto ideas, pregunto, resuelvo | | | | | | |
| Tu nivel de eficiencia y aptitud personal | | | | | | |
| Suma Total Final | | | | | | |

# El miedo: aliado del fracaso y el dolor

El principal aliado del dolor es el miedo a lo que nos puede ocurrir o a las consecuencias de ese dolor. Los miedos son un cúmulo de imágenes que proyectan nuestras debilidades y nunca nos abandonarán mientras estemos en sus dominios. Identificarlos nos beneficia. Por ejemplo: si eres muy sentimental, ocasionalmente inseguro y tímido, te preocupa ser rechazado o temes fallar, o, por el contrario, eres audaz e introvertido en respuesta a tus miedos, ya tienes algo identificado con lo que trabajar.

Enfrentar el miedo a una enfermedad, por ejemplo, es un choque frontal contra la personalidad que ha crecido contigo. Cuando te detienes a confrontarlo, puedes combatirlo con éxito. Mantén una mente abierta y clara, asegúrate de que existe un aura de superioridad que quizás desconozcas sobre tu vida, y sé tenaz; estas cualidades pueden proporcionarte las herramientas necesarias para vencerlo o al menos mantenerlo bajo control. No se trata de perder el miedo, sino de controlar sus efectos. Como dijo el joven Dey en la novela *"Valey y el collar mágico"* [3]: "Aprendí a controlar el miedo, jamás perderlo; es la única manera de mantener el equilibrio ante lo desconocido", y esta enseñanza arraigada en su ser le salvó la vida.

Tenemos seis (6) guías para avanzar contra lo que te detiene:

**Primero:** debes creer y entender que todo en el mundo está destinado para aquellos que lo intentan. Nadie nace siendo algo. Solo aparecen oportunidades; decides si las

---

[3] *"Valey y el collar mágico"*, Raféelo Marti, 2023 (https://www.amazon.com/-/es/Raf%C3%A9elo-Marti/dp/B0C7FBTSW3)

tomas o las dejas pasar. No te pongas obstáculos en tu camino, basta con los que la vida te pone.

**Segundo:** las oportunidades para hacer grandes cosas comienzan con pequeñas acciones. ¿Qué te detiene? Ningún poder, incluido el dinero, debe limitarte para lograr grandes cosas. Si no tienes, puedes trabajar y ganar para luego, con disciplina, multiplicarlo. Igualmente, puedes comenzar en otra dirección o trabajo sin desviar tu norte hacia el que deseas llegar. Lo único que cae del cielo es la lluvia; lo demás es deseo, motivación y disciplina.

**Tercero:** tus objetivos deben ser claros, limpios y sólidos. Los resultados esperados deben ser siempre los deseados. Caminar con dudas crea inseguridad. Ningún ciego camina si el lugar por donde va no es sólido ni seguro, aunque no lo vea.

**Cuarto:** reconoce tus limitaciones solo en cosas que sabes que serán físicamente imposibles. Nada que sea aprendizaje, conocimiento, mental o mecánico debe ser una limitación. Todos los seres humanos tenemos la capacidad de aprender, aunque sea lo básico de todo.

**Quinto:** la esperanza es un deseo fundamentado en la fe del poder o el querer. El agricultor no sabe si va a llover, pero aun así siembra; eso es fe. La fe es lo que nos mueve a hacer lo que hacemos.

**Sexto**: las cosas llegarán a ti según las desees. Si eres un buscador incansable, serás un descubridor afortunado. Si insistes, abrirás puertas que otros no pudieron. Persevera y gana. Si alguna vez caíste, levántate de nuevo. Sigue adelante, sin importar cuántas veces vuelvas a caer.

# Capítulo IV

# DESCUBRIENDO TUS ESTADOS DE VIDA (EDV)

---

"Paso más tiempo pensando qué
voy a hacer que en lo que hago".

---

Quiero compartir contigo varios *Estados de Vida* (EDV) que me han ayudado a sobrellevar molestias, culpas y miedos a lo largo de mi vida. Con ellos he aprendido a pasar las páginas de la adversidad e infelicidad que de nada sirven. Estos estados nacen gracias a personas que Dios ha puesto en mi camino y con quienes, por gracia divina, he tenido el honor de estar. Su ejemplo, determinación y sabiduría me han proporcionado gran ayuda, entendimiento, aprendizaje y motivación. Son ejemplos de vida sin los cuales definitivamente no habría encontrado un mejor sendero.

A los primeros estados los llamo *Estados Prudentes Directos* (EPD), aquellos que promueven la felicidad y la satisfacción como persona. Estos incluyen, sin limitarse a ellos: la confianza, el amor propio, la familia, la defensa de la vida y del ambiente, los amigos, la amistad, la honradez, la empatía, la confraternización, la solidaridad, el aprendizaje compartido, la libertad de opinión, la autocrítica, la aceptación de errores, las debilidades, las fortalezas, la ayuda, la lealtad, la integridad y la humildad, entre otros (más adelante daremos su definición).

Cada uno de estos Estados Prudentes Directos tiene su propia funcionalidad individual y, aplicados a nuestra racionalidad humana, serán eficaces y perfectos para vivir en armonía. Complementan el primer principio del dominio de la personalidad, al que llamo "Creer en Mí", que comentaré más adelante en el libro. Estos EPD deberían ser discutidos siempre y en cada oportunidad con amigos y familiares; hacerlo sin duda nos hará bien. Según nuestra manera Seyoista de pensar, los definimos de la siguiente manera:

- Confianza: alto nivel de ilusión y convencimiento de que puedo hacer o intentar algo, sin importar el resultado.

- Amor propio: búsqueda constante de la felicidad incluso en la adversidad.

- Familia: conexión directa con abuelos, padres, hermanos e hijos.

- Defensa de la vida: valorarte, protegerte, ser luchador y altruista.

- Defensa del ambiente: solidario y consciente con el mundo y sus recursos.

- Amistades: muchos de los que conocí, conozco y conoceré en mi vida.

- Amigos: pocos que me aman con el paso del tiempo y que siempre están presentes a pesar de las circunstancias.

- Honradez: valorar mi existencia en cada oportunidad.

- Empatía: ver a los demás como me gustaría ver a mí mismo.

- Confraternización: demostrar cuánto nos amamos y valoramos.

- Solidaridad: apoyo incondicional a la humanidad.

- Aprendizaje compartido: ofrecerte para el beneficio de otros.

- Libertad de opinión: expresión lírica incondicional.

- Autocrítica: reflexionar sobre los actos y las opiniones de los demás.

- Aceptación: entender la causa, respetar y valorar el espacio sin necesidad de aprobación.

- Lealtad: únicamente a Dios y a nuestra integridad.

- Integridad: la valoración máxima en todas las dimensiones de la vida.

- Humildad: reconocer y evitar momentos de falsa y efímera grandeza.

Ahora bien, los que llamo *Estados Del Reflejo* (EDR) son aquellos que podrían impulsarte a la zona de molestia o dolor porque permanecen en ti de manera negativa, irracional o presuntuosa, o porque pueden afectar a tu círculo amado. A menudo somos audaces en la búsqueda de la felicidad sin considerar si hacemos infelices a otros. Entre estos EDR podemos mencionar: los recuerdos reprochables, las cicatrices que la vida nos deja, la constante esperanza de cambio, la búsqueda del reconocimiento, el descontrol, la grandeza y el poder, la falta de visibilidad e identidad, la justificación por encima de la razón, la destrucción de lo moral, la ignorancia intelectual y el aparentar lo que no somos, entre otros.

Cada uno de estos estados, de una manera u otra, nos marca. A veces tenemos pleno conocimiento de lo que hacemos, y otras veces no. Pareciera que nacemos, aprendemos y perfeccionamos ser orgullosos, desafiantes e irracionales. Esto ocurre por ser inseguros, ignorantes o incapaces de madurar intelectualmente, lo que dificulta atender o evitar caer en la mala práctica de estos *EDR*.

"La humildad no es símbolo de tonto o incapaz", dijo en una ocasión el Monseñor Rubén Antonio González Medina, obispo de Ponce. Dentro de esta virtud de no querer vernos más que los demás, podemos ser reconocidos y llegar a liderar de manera efectiva sin dejar de ser humildes. Pero a menudo, para obtener reconocimientos, justificamos los medios, aunque esto destruya reputaciones, ignore a quienes nos ayudan o aparentemos ser los idealistas del momento.

Ser reconocido sin tener que comprarlo, tener control sin usurpar, alcanzar el poder sin engañar, y ser visible sin aparentar lo que no somos, es fundamental. Si haces las cosas mal, terminarás pagando el precio, tú o alguien cercano a ti.

El orgullo nos limita a recibir ayuda de otros; justificamos nuestras acciones o, en el mejor de los casos, otros nos ven como amenazas en sus vidas y caminos. Estos *EDR* no son más que la falta de una valoración individual correcta, que percibimos en nosotros mismos o en otros. Una sola cosa te diré: se deshace cualquier atentado a la dignidad con estos *EDR* cuando demostramos que somos, entendemos, actuamos y proyectamos humildad.

Finalmente, los *Estados No Apropiados* (ENA) son aquellos que NO nos permiten actuar con sensatez, y como resultado nos traen dolor, vergüenza y tristeza. Ejemplos de estos son:

## 1. Juicios a la ligera

La educación, el asesoramiento, la experiencia, la reflexión y el análisis son parte del proceso justo. Aunque esto no garantiza la completa certeza de haber tomado el mejor juicio, sí asegura que nuestra decisión esté basada en hechos y datos concretos. En casi todos los casos, antes de tomar una decisión relacionada con nuestras emociones, lo mejor, siempre que sea posible, es esperar. Si no conoces o no has hablado con la persona antes de emitir un juicio, debes darte la oportunidad de investigar.

Una niña le prestó un juguete a su amiga. Al día siguiente, fue a buscar el juguete y descubrió que estaba roto. La niña se molestó al ver el juguete dañado y fue a buscar a su amiga para reclamarle, pero no la encontró. Al día siguiente, su amiga llegó con un juguete nuevo y pidió disculpas, explicando que su perrito había mordido y roto el juguete. Ella le contó a su madre lo ocurrido, y la madre la llevó a comprar un nuevo juguete. ¿Qué hubiera pasado si la niña afectada hubiera encontrado a su amiga el día en que encontró el juguete roto?

## 2. Acciones precipitadas

Estas acciones, por lo general, carecen de cuidado y análisis previo antes de ejecutarse. Reaccionamos a la ligera cuando alguien nos hace algo incorrecto. Vivimos en un mundo muy ajetreado, donde estas acciones están presentes los siete días de la semana. Si sabemos que esto es así, entonces debemos estar prevenidos para saber cómo reaccionar o si es el momento adecuado para hacerlo, considerando ambas partes: quien actúa y quien recibe la acción.

El niño que se desliza por el tobogán y encuentra a otro niño subiendo, al chocar ambos caen a la arena. El niño que estaba subiendo sabía que lo que había hecho era incorrecto, ya que el tobogán es para deslizarse. Se adelantó a ayudar al niño que había caído con él y le pidió disculpas. El otro niño aceptó la disculpa. Como adultos, en muchas ocasiones no tenemos la capacidad de los niños para resolver nuestros agravios de manera sensata. Esto nos debe hacer reflexionar.

## 3. Ignorancia

En ocasiones confundimos la ignorancia con la timidez precisamente porque ignoramos que la timidez es, entre otras cosas, la falta de confianza, mientras que la ignorancia es falta de conocimiento, madurez y crecimiento. Cada año que pasa parece que la ignorancia prevalece sobre la sabiduría. La ignorancia puede surgir por maldad o por ingenuidad. Aprendí que ambas son negativas, pero la ignorancia alimentada por la maldad lleva consigo el daño premeditado y un sello que los actos cometidos imprimen en quien la practica.

La sabiduría que adquirimos a través del aprendizaje y la educación constante, ya sea dirigida o autoaprendida, nos hace mejores seres humanos. El conocimiento adquirido debería expandir nuestra capacidad de autocontrol. Sin embargo, lo que nos convierte en verdaderos adoradores de la ignorancia es aparentar saber, opinar sobre todo, criticar por defecto y ser parte de la mentira y la calumnia.

## 4. La ausencia de la reflexión consciente

La reflexión siempre nos guiará más allá de nuestra visión inicial; no es irrelevante, sino todo lo contrario. Uno de los rasgos que nos distingue de otros seres vivientes es la capacidad de pensar, hacer crítica responsable y opinar cuando se nos solicita. "Reflexionar nos ayuda a conocer, nos identifica como seres inquietos y capaces de aprender... la reflexión también nos ayuda a aclarar aquellos aspectos de nuestra vida que pueden parecer confusos, y a clarificar contradicciones o conflictos internos que nos angustian y nos provocan ansiedad o temor," según el Blog Psicoafirma.com.

Estos estados pueden ayudarnos a ser mejores seres humanos. Debemos reflexionar sobre ellos y aprender a utilizarlos para el bien común. Si vivimos siendo honrados, si corregimos nuestros errores y atendemos con mayor interés nuestras debilidades, verás que lograrás mejorar tus áreas de fortalezas.

Desde tiempos antiguos hemos enfrentado debilidades mentales, pobreza de alma y espíritu, y desánimo a pesar de nuestras capacidades. Sin embargo, no todo ha sido así. Hemos logrado superar algunas barreras para beneficio de la humanidad, con miles de ejemplos a través de la historia.

Aun así, nuestras debilidades siguen aflorando sin detenerse, como si mutaran. Muchos alimentamos el caníbal del individualismo sobre la vida justa y compartida. Lee una escena del cuento inédito *El Rey y el Obispo* para ilustrar lo anteriormente dicho:

-Una tarde de domingo en la Catedral del Reino, el pueblo estaba congregado. Miles de súbditos con rostros tristes, hambrientos y agotados esperaban con fe, como cada domingo, que las cosas cambiaran, pero el sermón no prometía cambios; era el mismo de siempre: "Da de lo poco o casi nada que tienes, y nuestro Dios te compensará", decía el obispo. Cerca de él, los clérigos preparaban cofres bañados en oro destinados a la ofrenda obligada del pueblo. "Qué injusto es el Rey con ustedes, mi pueblo de Dios, que los estrangula con sus impuestos", decía el obispo con voz melancólica y triste mirada al recolectar la ofrenda obligada del mismo pueblo estrangulado.

Escoger cómo vivimos es algo que debemos considerar en cada instante, pero más importante es preguntarnos si lo que estamos haciendo es correcto. Dedica un momento en esta lectura para hacer una retrospección de solo una semana atrás y concluye si lo que hiciste es correcto, si estás en error o si tus actos son contradictorios, como le ocurrió al obispo con su frase de compasión. Este es tu espacio ahora...

CAPÍTULO V

# EL VALOR DEL TIEMPO

"Un hombre que se atreve a perder una hora de su tiempo no ha descubierto el valor de la vida".
*Charles Darwin*

Del diario del Seyoista: "Cuando caminaba por el extenso valle hacia mi hogar, comenzaba a cuestionar mi valentía una vez más. Sabía que pronto llegaría lo inevitable: pasar por el lugar más peligroso de mi recorrido. Un lugar que, solo al pensarlo, me llenaba de miedo. A lo lejos, sobre la pendiente, la razón de mi temor ya era evidente. Eran varios toros blancos, con afilados cuernos y poderosos cuerpos, que me observaban sin parpadear. Cada paso que daba sobre aquel suelo mojado iba al ritmo de un corazón agitado. Lo que no sabía, aunque lo supe muchos años después, es que sobre mi cuerpo un aura poderosa me acompañaba. La bestia más temible jamás embestiría contra mí. Fue entonces, después de mucho tiempo, que supe que mi estancia en la tierra estaba marcada por la llama inagotable del propósito, el cual tendría que encontrar". En ese momento, el Seyoista entraba y decía:

—Cuando decides por el mundo en vez de tus prioridades personales, se pierde valioso tiempo que jamás se recupera. Cada paso que decidamos dar en la vida debe estar fundamentado en el convencimiento de que te llevará en la dirección correcta. Esos pasos, amigo mío, son decisiones que pueden generar tiempo de calidad si son acertados. De lo contrario, estarás retrasando tu avance en la vida —afirmaba el Seyoista a su nuevo discípulo, Alejandro, quien, sentado y esperando, leía sobre la vida de aquel hombre transformado.

—Sé que no es tarde para retomar lo ignorado en mi vida, pero ¿por qué no me di cuenta antes? —preguntó el discípulo, deslizando entre sus manos el manuscrito.

—Si te dieras cuenta de que tus pasos equivalen a tiempo, solo desperdiciarías los necesarios para pensar y luego retomar el camino. Así tal vez podrás ver si muchos de estos pasos han sido en vano o no. ¿Tendrá sentido la vida si caminamos de esa manera? Te darás cuenta cuando algo maravilloso toque tu vida. Todo momento es una elección personal y se toma de acuerdo a las experiencias y a los intereses en ese momento específico. Otras veces, se toman por lo que nos dicta el subconsciente, se toman y ya. Estas últimas son las más arriesgadas cuando valoras el tiempo —planteó el Seyoista, quien, de la rojiza y áspera mesa, tomaba el manuscrito. Mientras Alejandro fijamente miraba al infinito y, como volviendo en sí, dijo:

—Pero maestro, son experiencias erradas que me causan heridas difíciles de sanar —reafirmó.

—Cierto, no obstante, al hacer una introspección profunda, las experiencias no son del todo errores; también traen consigo aprendizaje. Sin embargo, debes tener en cuenta que te reducen tiempo valioso en tu corta existencia terrenal. Lo ideal es entender qué es lo correcto.

—¿Cómo puedo saber si es correcto lo que hago, maestro Seyoista?

—Para ayudarte a hacer lo correcto, debes comprender y desarrollar tres puntos que llamo las tres C del tiempo: Primero, CALENDARIZAR tus metas y objetivos; segundo, asegurar que sea de CALIDAD lo que haces, medible en su ejecución y eficiencia; y tercero, CALCULAR el efecto sobre el tiempo utilizado. Debes ser juicioso y tener presente lo siguiente:

- Primero, en la mayoría de los casos no somos capaces de lograr todo lo propuesto.

- Segundo, debes conocer perfectamente hacia dónde te diriges y con qué o con quién cuentas.

- Tercero, obtendrás mejores resultados si tienes objetivos comunes y aceptas ayuda.

- Cuarto, la distribución de tareas hace el proceso más interesante y liberador sin necesidad de desligarte.

Claro, Alejandro, mi buen discípulo, esto se logra si, como te mencioné antes, tu mente, voluntad y deseos están alineados, y tu actitud está dispuesta a transformarse hacia lo que es correcto. Pon tus metas y objetivos en orden y verás que, del mismo modo que calendarizas, avanzarás.

Sobre la CALIDAD, esto tiene que ver con el tiempo aplicado o dedicado al final del día, cuán claras son tus ideas, necesidades y metas, Alejandro. Debes confiar en el conocimiento, tus capacidades y hacia dónde te diriges. Para eso, te recomiendo utilizar el sistema Pasos —en ese momento, el discípulo Alejandro lo interrumpió y buscó dónde anotar.

—Maestro, lléveme despacio, no quiero perder nada de lo que me enseña —puntualizó.

—Bien, Alejandro, ten presente estos cinco puntos: Propósito en tu vida, Lograr una meta a la vez, Que esta sea realizable, Tener un norte definido y Desarrollar tu marca o dejar tu huella.

Tienes que darle propósito a tu vida. Una vida sin propósito es una vida poco interesante. Puedes proponerte ayudar, apoyar, superarte y crecer en lo personal. Lo importante es establecer un norte con objetivos realizables y dejar huellas que otros puedan seguir. Eso es calidad; es la esencia del propósito de vida.

Finalmente, amigo, debes CALCULAR todo. Me refiero al gasto de tiempo, la actitud que tengas hacia la meta, las ganancias o pérdidas que te hagan mejorar, entre otras cosas. No solo pierdes tiempo en la vida, se pierden oportunidades, sueños e ilusiones. No lograremos nada en el tiempo si no establecemos metas con sentido. Si no evaluamos su efectividad, consistencia, y si merecen algún cambio sustancial, y finalmente si no calculamos bien, tendremos insustituibles pérdidas de tiempo. Organízate y sé paciente— finalizó diciendo el Seyoista. (Al final del libro dejo el Anexo #2, si te parece bien, para organizar tu tiempo).

—La vida debiera ser un constante descubrimiento de cosas nuevas y positivas. Si pudieras preguntarte antes de actuar: ¿Qué beneficio obtendré de cada cosa? ¿Qué es lo más importante en tu vida por lo que dedico mi tiempo? ¿Estoy en el camino correcto que me lleva hacia donde quiero llegar? Definitivamente, Alejandro, si te enfocas en esas tres C del tiempo, tendrás una mejor perspectiva. Lo cierto es que, no importa adónde vayamos o qué decidamos hacer, el tiempo no se detiene nunca, amigo mío.

El maestro propició un silencio para la reflexión, y al saber que era suficiente, añadió:

—Recuerda, Alejandro, andar rápido en la vida no está mal si sabemos a dónde nos dirigimos. Cuando nos organizamos y establecemos prioridades, logramos ser más asertivos en las metas. Si elegimos bien, el tiempo nos sonreirá, incluso si nos va mal, porque a pesar de esto, nos recompensará con aprendizaje y experiencia valiosa.

Alejandro se notó receptivo mientras el Seyoista continuaba:

—No se trata de querer cambiar el mundo de una sola vez, sino de hacer cada uno su parte. Descubrir cómo utilizar mejor el tiempo de manera productiva implica elegir tus opciones pensando en cuál de ellas te acercará más a tus metas y propósito de vida. El mundo no cambiará solo porque lo deseas, pero mejorará si primero lo haces tú. Es algo relativo y no siempre se entiende de esa manera. Cada acción positiva nos beneficia y nos transforma, teniendo efecto también en el mundo en el que vivimos, aunque no siempre lo percibamos de inmediato.

—Harás un corto autoanálisis de estas seis preguntas y posibles respuestas para saber hacia dónde te diriges: Debes escribir tus respuestas y reflexionar sobre ellas. Luego hablaremos.

El Seyoista se marchó hacia su aposento. Alejandro, igualmente, tomó el papel y se marchó.

Preguntas que debes contestar, aunque te dejo las contestaciones.

¿Por qué hago las cosas como las hago?

Por principios y valores; por mis ideales y anhelos.

¿Cómo me beneficio de lo que hago o beneficio a los míos?

Me encamino a lograr mis aspiraciones y metas para beneficio común.

¿Hacia dónde me dirige lo que hago?

Los objetivos, la realización y la satisfacción personal y familiar.

¿Qué pretendo dejar como legado? ¿Es para mí importante hacerlo?

Mis ejemplos, perseverancia, referencias y formas prácticas de éxito y transformación.

¿Qué debo tomar en cuenta antes de todo?

Los recursos, la proyección de ideas, el apoyo, mi realidad actual y en quién delego o con quién me asocio.

¿Qué me impulsa?

La familia, mi propósito, el conocimiento, la necesidad, mis fortalezas y las metas en común. (Dejo en el Anexo #3 una tabla de secuencia)

## El pasar de los años

Sobre tierra mojada, próximo a dejarse ver el sol, el Seyoista recibe a su discípulo Alejandro con las siguientes palabras:

—Los años pasan y te susurran al oído, solo te dejan saber que van de pasada para que puedas entender el valor del tiempo concedido. Al tiempo no le interesa lo que te pueda dejar en su camino; sino, lo que tú puedas dejarle a él en tu caminar. Tampoco le interesa tu llanto, dolor o queja; sino, la cantidad de veces que te has repuesto de ellas. No le hables de las injusticias, háblale de tu justicia; no le hables de posibilidades, háblale de tu compromiso; no le hables del daño que te han causado otros; sino de la felicidad que has acumulado junto a otros,

—Un año al parecer es mucho tiempo, maestro; cada año puede ser una gran oportunidad para hacer grandes cosas, de ver la vida desde otra perspectiva, no solo actuando bien sino reaccionando—. Satisfecho, el Seyoista lo mira y añade —. Un año más, amigo, equivale a una nueva oportunidad para seguir creciendo, transformándote, aprendiendo, descubriendo, intentando y avanzando en la vida. Un año más es un nuevo comienzo para hacer las cosas que deseas y anhelas. Nunca es tarde para comenzar; tarde será cuando escuches de tu boca las palabras: "Me hubiese gustado haberlo hecho". Entonces, ya los años te dejarán para ir por otro que igual es un soñador.

El Seyoista levantó su mano y se despidió. Más tarde, Alejandro se marchó de aquel acogedor lugar donde la naturaleza le brindaba paz.

## El tiempo y nuestros padres

La lluvia cae constante y fuerte contra la tierra. El Seyoista, sentado en silencio, contempla la maravillosa muestra de amor de la naturaleza y piensa: "No llora el cielo, derrama su aliento para dar vida". Alejandro, empapado, llega discretamente y se sienta a su lado.

—¿Cuánto tiempo le dedicas a tus padres? ¿Les has preguntado alguna vez qué quieren de ti? La respuesta, o quizás la solución, está en permitirnos hablar, pero eso no ocurre a menudo. Sabes que no importa cómo sea esa relación; siempre necesitarás de ellos y ellos más de ti. Todo lo que te pase, lo sentirán, aunque no te lo demuestren. Hay cadenas que deben romperse—. Asombrado, el hombre que parecía sudar lo que en realidad eran gotas de lluvia se sorprendió de que supiera tales cosas de su vida. Alejandro, saliendo de su asombro, dijo:

—¿Debo hacerlo aunque ellos no me hayan dado de su tiempo? Nunca sentí que era importante; pocas veces me demostraron amor. No sé si les deba algo, maestro.

—La vida se la debemos a alguien. Sin ellos no estarías aquí. Tienes que romper el ciclo con amor, además de una buena dosis de paciencia. Acércate, háblales y escúchalos. Conversa sobre su vida, cómo fue, qué hicieron, qué lograron o qué no lograron, qué se les quedó por hacer, sus frustraciones y alegrías, entre otras cosas. No pienses que a ellos no les interesa hablar; tal vez te sorprenderán. Entonces entenderás muchas de sus actitudes y podrás guiarte por el camino de la reconciliación. No dejes de intentarlo una y otra vez. Por ellos está permitido luchar una y otra vez. Ve por ellos—. El Seyoista acercó una canasta de bellas flores a una gota que se desvanecía cerca de él entre la madera seca del suelo. Mientras Alejandro abandonaba bajo la lluvia la paz de aquel lugar.

## Organizando ideas

Todo el lugar estaba en silencio. Solo sobre una mesa, un cirio encendido iluminaba una página escrita dejada allí por el Seyoista. Alejandro la tomó. "Amigo Alejandro, voy a las montañas, necesito encontrarme". Así terminaba la nota, dando paso a un escrito. Alejandro miró el camino que conducía a las montañas e imaginó al Seyoista entre los verdes prados. Luego volvió su mirada al papel y continuó leyendo:

—Hombre de bien, aquí te presento cuatro guías que debes tener presentes para que el tiempo no te sorprenda al pasar sin haber hecho lo que deberías: 1. Vivir conlleva sacrificios. 2. Escribe sobre lo que más te influye en la vida. 3. Diversifica tu potencial. 4. Entrégate sin temor a lo que deseas.

**Primero: sacrificio**. ¿Qué estás dispuesto a sacrificar para avanzar en tus sueños o deseos? Si no estás dispuesto a pagar por un mejor vestido, no te lo midas. Debes establecer prioridades con las cosas que aumentarán el valor de tus propósitos y metas. ¿Qué eliges, estar con buenos amigos disfrutando de los placeres o permanecer en constante aprendizaje? ¿Cuál de esas dos opciones te hará diferente?

El tiempo sin prioridades es un juego a la suerte, igual que sin metas ni objetivos. Si estás claro en tus metas, la decisión será fácil; si no lo estás, tomarás la decisión más fácil. La experiencia dice que las prioridades ignoradas serán recordadas repetidamente en cada despertar. No lo olvides, siempre habrá tiempo para todo, pero no a todo le debes dedicar tiempo.

**Segundo: escribe en una nota claramente lo que más te gusta y apasiona**. Luego convéncete, desarrolla tu potencial y ponlo en práctica. Escribir y describir tu idea, tu zona de influencia, te dará el espacio para trabajar con sentido y dirección. Conviértelo en una meta. Oriéntate sobre el tema y aclara las ideas sobre lo que persigues. Esto te ayudará a verlo con más claridad y a saber si es realmente lo que buscas para ti. Ahora, no lo dejes porque crees que no lo lograrás sin haberlo intentado, no una ni dos veces, sino las veces que sean necesarias hasta lograrlo.

**Tercero: diversifícate.** Pregúntate si puedes hacer más de una cosa y si tienes los recursos para hacerlo. Si tu respuesta es no, sencillamente toma una a la vez, tú decides. Si es por falta de recursos, busca cómo resolverlo en vez de dejarlo. La diversificación de oportunidades que sean paralelas o asertivas a tu prioridad siempre será bienvenida. Es decir, después de que estés bien orientado a lo que quieres y en armonía con una buena planificación, el tiempo será relativo. Por ejemplo, si practicas un deporte como primario, puedes practicar otro que te complemente física, mental y técnicamente el primario, como podría ser el béisbol (primario) y el tenis de campo (complementario). Igual ocurre con lo que desees hacer en tu vida. No pasa nada si decides enfocarte en una cosa a la vez. Lo importante es darte la oportunidad de crecer en lo que haces.

**Cuarto: entrégate.** Haz lo que hagas con dedicación y aprende tan bien que, si te cansas o por alguna razón lo dejas de manera temporal, puedas retomarlo en el futuro sin perder toda la esencia. Recuerda estas palabras que una vez escuché: "Lo que bien se aprende nunca se olvida". ¿Por qué conformarse con ser la norma si puedes ser la excepción? Ponle muchas ganas y tiempo a lo que haces, y llegará el momento en que lo dominarás al grado de no sentir que el tiempo sea un obstáculo. Hasta luego, apreciado amigo. **Vive en paz.**

## Los amigos y tú

—Siempre me llamó la atención la música y el béisbol, pero no estaba dispuesto a sacrificar el tiempo que pasaba con mis amigos. ¿Qué hacía con ellos que fuera tan importante? Aparte de socializar y platicar sobre cosas sin importancia, nada. Me apasionaba el béisbol, pero no le presté la atención que requería. No estaba claro sobre las oportunidades de la vida— decía Alejandro al Seyoista.

—Ahora me pregunto— continuaba Alejandro—, ¿en esa edad eso ocurre con frecuencia? Pues te diré que sí, ocurre mayormente en los jóvenes sin rumbo, orientación ni ejemplos a seguir. Recuerdo haber leído sobre el éxito de un joven que, mientras sus amigos se juntaban para divertirse, él se quedaba practicando con un mentor voluntario después de cada juego. Al final se convirtió en una gran superestrella de ese deporte. Eso me hizo reflexionar que yo pude haber llegado más lejos si hubiera dedicado más atención y tiempo a lo que me apasionaba—. Alejandro quedó pensativo.

—Amigo —dijo el Seyoista—, la vida constantemente te está presentando oportunidades. Si las atrapas, transformarán tu existencia. No es excusa, pero a veces, al no tener a alguien a tu lado que sea tu mentor, cometemos muchos errores de juicio. Los amigos son sumamente importantes en nuestras vidas, solo que hay que aprender a distribuir el tiempo entre ellos y lo que es importante para nuestras metas y objetivos personales. Si logramos entender eso y dirigimos nuestra actitud hacia el aprendizaje de cosas nuevas y de valor, seremos diferentes, duplicaremos nuestras experiencias y el futuro será prometedor. Además, serás un guía y ejemplo para otros—. En el silencio producido por la reflexión tras las palabras del Seyoista, Alejandro añadió:

—Tuve buenos momentos en el deporte, pero definitivamente pude ser mejor. Solo que no vi lo que otros de mi edad ya entendían: establecer prioridades. No me arrepiento de la vida que he tenido ni de tener todo lo que Dios me ha dado, pero quienes saben aprovechar al máximo las oportunidades tendrán mayores posibilidades.

—Cierto, Alejandro, a todos nos hace bien descubrir lo que nos detuvo en un momento de nuestra vida o tal vez nos sigue deteniendo. Lo importante, amigo, es lo que serás para ti y para los tuyos de ahora en adelante—. Alejandro se levantó, guardó sus notas y se despidió hasta el próximo día.

## Tenemos suficiente tiempo

—El tiempo es el dueño de la vida; nuestro ciclo de existencia es largo aunque no lo parezca. Si decides aprovechar mejor el tiempo, debes descansar menos y levantarte más temprano. Si eliges hacerlo, tendrás control sobre el tiempo. ¿No lo aprendiste de tu madre, Alejandro? Ella se levanta temprano y nunca se detiene porque para ella nada de lo hecho es suficiente.

Has observado cómo los emprendedores logran llegar a sus metas mientras otros siguen en el mismo lugar. Ellos no son diferentes; solo que trabajan duro, descansan lo necesario y eligen hacerlo al final, no en el inicio ni en el intermedio. Como ves, es cuestión de tener un propósito que te impulse y elegir la manera correcta de utilizar mejor tu tiempo. Ve a lo alto de la montaña y medita; ese tiempo es vital para seguir creciendo. Te veré mañana.

## Ejemplos de vida

—Te contaré una historia, Alejandro. Todos los días, cuando regresaba a mi salón al mediodía, caminaba entre estudiantes sentados en el pasillo. Algunos estaban solos y otros acompañados. Un día decidí ser más observador y ver qué hacían. Algunos leían, otros escuchaban música y otros charlaban. Entre tanto, al lado opuesto, la mayoría estaba en la cancha jugando, mientras otros elegían ser fanáticos en las gradas. Le pregunté a uno que estaba en el pasillo: ¿Por qué no intentas jugar baloncesto con los demás? Y me contestó: "¿Qué aprenderé de eso, maestro? Ellos juegan sin control, sin reglas; nada ganaré allí". Retomé mi camino al salón. Sin duda, la respuesta me alertó. Decidí sacrificar parte de la hora de almuerzo y, en lugar de sentarme a leer la sección deportiva del periódico como acostumbraba, pensé en alguna solución que pudiera darle significado y motivo a ese joven.

Luego de establecer un reglamento, comencé junto a mi compañero un torneo. Me sorprendió ver al joven dispuesto a jugar. "¡Qué bien verte aquí!" le dije. Ahora, en su tiempo libre, hacía algo que quizás sería significativo para su futuro. Siempre, amigo mío, habrá oportunidades para cambiar la manera en que nos desplazamos en y por el tiempo. Aprovechar nuestra existencia en la búsqueda de soluciones prácticas y beneficiosas para todos significa desplazarnos por el tiempo de manera activa. No solo somos pasajeros en el tiempo, sino que también influimos en él con nuestras acciones y decisiones, moldeando de alguna manera nuestro futuro y el de los demás. Eso es todo por hoy, Alejandro. No te alejes, amigo; aquí te espero.

## La historia de un joven idealista

—Alejandro, hoy solo leerás una historia que espero marque tu vida. Significa mucho para mí. Esas experiencias vividas son producto de mi subconsciente a través de los años. En ellas encontrarás muchas de las cosas de las que hemos hablado. Recuerda vivir cada momento con fuerza, seguridad y humildad. No olvides que irás al futuro con las experiencias vividas en el pasado.

El Seyoista se marchó confiado en que el joven que dejaba atrás, y que tal vez nunca más vería, sería como él. Alejandro tomó el manuscrito y comenzó a leer la última historia.

## Cada paso atrás es un paso adelante

Cuánto tiempo llevaba esperando ese viaje, tal vez desde que me sentaba a los pies de mi abuelo a escuchar sus historias de KromanD y viajeros universales por el espacio, mientras yo, entre imaginaciones, volaba por mis sueños. Solo sé que me prepararon para esto desde hace mucho tiempo. La decisión fue tomada, me fui. Dejé un trabajo seguro, un buen auto y un envidiable plan de retiro. La empresa me ofreció un aumento para quedarme, algo que solo un desquiciado rechazaría. Ese soy yo. Así aprendí a ser. Aunque sabía que el cambio era difícil, nunca imaginé que me iría tan bien como me ha ido. "Las decisiones se toman con conciencia y en paz, no importa el resultado, debes estar convencido", solía decir un ser muy especial en mi vida, mi abuelo, y añadía: "Todo en la vida es una enseñanza, hijo, señales de que estás avanzando". Con esas frases, Matthew comenzó su discurso el primer día de su trabajo ante los directivos de la nueva empresa.

Matthew dejó el lugar donde un día transitó su vida. En esos espacios corrió sin detenerse; creció entre tropiezos, caídas y golpes, pero también entre amor y mucha enseñanza. Allí, aprendió lo que se necesita para ser un hombre de bien. Lo demás lo descubrirá en este nuevo caminar, en la aventura que empieza a vivir.

Voy dejando atrás a la familia que amo, mis amigos del alma y mi perro Mayoral, fiel a mis andanzas. Lo vi triste. Sabía que me llamaba el destino. Los animales tienen sentimientos y sufren como nosotros sufrimos. Entendí su mirada caída y su cabeza tendida en el suelo, como resignado a verme partir. Me rompía el corazón. Siempre recuerdo cuando fuimos a buscarlo; era un regalo de mi padre y lo amé desde aquel momento, pero nunca olvido la tristeza en los ojos de la madre cuando le arrebataban su cachorro. Eso me hace recordar las célebres palabras de mi abuela cuando le preguntábamos a quién quería más entre todos sus nietos y nos decía: "Son sentimientos diferentes, los quiero a todos y cada uno tiene un espacio especial y único en mi corazón". No la entendí entonces, hasta ahora que voy sintiendo lo que dejo atrás. Se me hizo difícil despedirme más de unos que de otros, a pesar del amor y respeto que les tengo a todos. Ya mi abuela descansa, pero sus palabras me prepararon para esta nueva jornada.

Me voy porque debo avanzar, explorar, soñar y mil cosas más. Los cuentos leídos en los *comics* tuvieron que ver. Mi "abu" nunca desperdició un momento que le pareciera oportuno para hablarme de lo que era correcto. Descubrí mundos imaginables en cada capítulo de KromanD, el Capitán Alfagaláctico, el "comic" preferido de él, que me leía con frecuencia. Algunos ya los sabía de memoria, porque ya no estaban llegando a la tienda y mi abuelo me los leía una y otra vez. Recuerdo un día cuando lo vi triste porque no llegaban nuevos ejemplares a la tienda y don Tomás, el dueño, le dijo que no llegarían más. Recuerdo cuando llegó a casa, eso me dolió mucho y le prometí que algún día yo escribiría una nueva historia de muchas aventuras, todo para él. Se reía y me decía que yo era el héroe de cada una de las tirillas, y añadía siempre: "Recuerda hijo, el héroe es justo, no importa el grado de daño que le hagan". Aprendí lo necesario, me lo creí y voy a descubrir nuevos mundos y nuevas oportunidades.

Con maletas en mano, recuerdo que el abuelo me miraba y con voz temblorosa, pero firme me decía: "Hijo del alma, cada paso adelante deja suelo atrás, no lo olvides para que puedas regresar". Recuerdo mirarlo y decirle muy cerca al oído: "Ahora será diferente abuelo, cada paso adelante es una nueva aventura". Me tatué en lo más profundo de la psique esta oración de él: "Haz lo correcto en la vida y si tropiezas haciéndolo, no te molestes, es que estás avanzando". Abuelo, a eso voy; a crecer. Voy tras la esperanza y el duro trabajo de la aventura que marca mi vida.

Después de tristezas, abrazos y llantos, partió el joven Matthew. Voló, como siempre lo hizo en cada capítulo del Capitán Alfagaláctico. Luchó contra adversidades en un viaje lleno de emociones y expectativas, pero también de grandes tristezas. Al final vence el amor a la vida, lo que eres y significas para los tuyos.

Llegué a la ciudad de los rascacielos; aquí es rápido y confuso, pero estoy alerta y seguro. Estoy avanzando. Tomé un taxi. Cansado después de tantas horas de vuelo. "*Good afternoon, man, to Lincoln Street, please, apartment 248*" (el mismo número que usaba el abuelo en el ejército). Ya la cosa cambió. El nuevo idioma que tanto practiqué en casa por fin veré si funciona. Ahora miraba adelante. Nuevos edificios, grandes parques y hermosos apartamentos. Aunque abuela nunca viajó, yo lo hago por ella. Hoy siento que está conmigo.

Al fin parecía que llegaba a la gran urbe, porque el conductor, que no habló nunca, ni yo tampoco, dijo: "*Ok mister, we reached the destination. It's twenty-three dollars, my friend.*" Pagué lo debido y le dije: "*Ok, keep the change.*"

Subí con maleta en mano al apartamento. Allí me esperaba un amigo de la infancia, Juan Carlos, "*El Junior*", como le decíamos, o "*Calamar*" entre panas. Le decíamos Calamar porque decía que un pulpo y un calamar eran la misma cosa, y en honor a eso, así le pusimos de apodo. Él partió con sus padres mucho antes en busca de lo que yo vengo a buscar ahora. Nos saludamos efusivamente, hablamos un rato y después de decirme dónde estaba cada cosa, me invitó a cenar en la tarde y se marchó. Ese Calamar dirige una empresa grande aquí en la ciudad de los rascacielos; sin embargo, no me ayudó a subir las maletas.

Ya solo en el cuarto, grité: "¡Un apartamento para mí solo!" Caminé por todas las esquinas, estaba totalmente vacío, menos el cuarto que mi amigo Juan preparó con un dinero que le había enviado semanas antes. Y en la nevera, algo de beber. Poco a poco lo iría decorando. Ya me lo imaginaba.

Acomodé todo lo que pude y, apenas me iba a ir, cuando me acordé de una cantaleta ya memorizada. Mami, cuando me "hostigaba" cada vez con: "Nada tirado en el cuarto, Matthew, todo recogido." Acomodé todo. Mami tenía toda la razón, organizar mi cuarto me enseñó a organizar mi vida, a hacer buen uso del tiempo y a aprender cosas nuevas. Hoy le agradezco. Una vez terminé de dejar todo "*ready*", salí a dar una vuelta por el área, ya sabes, para conocerla.

Caminé hasta el final del bloque, pasé por una lavandería, luego la barbería que me hizo sentirme bien, porque tenía una bandera de mi amado país que apenas dejé atrás. Seguí hasta una avenida, la "International Avenue", donde encontré varios restaurantes del patio y otros latinos. Regresé por el otro lado donde vi una cancha de baloncesto y, más adelante, varios "*mister*" jugando ajedrez bajo frondosos árboles. Más adelante, una bodega, varios supermercados y una clínica veterinaria, y me acordé de Calamar. Tenía que ir a su casa a comer.

Al día siguiente, al llegar a la entrevista de trabajo pautada desde el extranjero, me preguntaron lo que jamás imaginé: "¿Usted sabe por qué está aquí?" Y di un discurso del que te hablé al principio. Cuando comencé a trabajar en mi tierra, pensé siempre que sería diferente en todo lo que hiciera, no importara qué. Lo aprendí de mi padre y vi el ejemplo tanto en él como en el abuelo. Lo puse en práctica y establecí un modelo de planificación y logística único en la empresa en la cual trabajé en mi país; lo patenté y sirvió de modelo para otras empresas. Por eso ustedes me ofrecieron venir acá.

Esta empresa es una de las más activas en el mundo. Mueve un capital de sobre tres billones en productos y mi plan de planificación y logística es lo que ellos buscaban para maximizar sus recursos. No solo fui reclutado, sino promovido como director del departamento de *"logístics"* de la empresa. Comencé con un sueldo básico de seis cifras al año, mucho dinero para un principiante. Entonces me hablaron de otros beneficios y, mientras eso ocurría, yo pensaba en cuándo comenzaría a escribir la nueva historia de KromanD que le prometí a mi abuelo. Me comía el deseo de ver un nuevo ejemplar del Capitán Alfagaláctico en sus manos.

No me olvidaré de lo que me trajo aquí: mi familia, mis sueños y mi enseñanza. Un retrato de Mayoral, amigo fiel, está en mi puerta al salir para llevarlo conmigo siempre. Regresaré en algún momento; mis raíces las volveré a ver tan pronto como tenga mis primeras vacaciones. Bendición padres, bendición abuelo. Y sobre mi escritorio, aquel tatuaje que llevo en mi ser, lo más que atesoro:

*"Haz lo correcto en la vida y si tropiezas haciéndolo, no te molestes, es que estás avanzando"*

CAPÍTULO VI

# CUATRO PRINCIPIOS FUNCIONALES PARA LA VIDA

"Los principios para la vida incluyen la capacidad de enfrentar los problemas con valentía, la decepción con alegría y las pruebas con humildad".
*Thomas S. Monson*

Cuando era niño, fui a un circo que llegó a mi pueblo y recuerdo especialmente un espectáculo que me llamó mucho la atención. Un hombre colgaba de una cuerda que lo "columpiaba" de lado a lado y a veces pasaba sobre el público. Aquel valiente sonreía y daba vueltas en el aire, algo que yo no podía creer. Ese hombre confiaba plenamente no solo en las cuerdas que lo sostenían, sino en los amarres y en su agilidad precisa. La vida del hombre es similar, llena de malabares y saltos al vacío, confiando en que la cuerda de la vida no se romperá. Pero, ¿qué pasa si se rompe? ¿Cuál será tu reemplazo o tu red de seguridad?

Aprendí a creer en cuatro principios que desarrollé a lo largo de mi vida para fortalecer la autoestima de mis estudiantes atletas y que hoy sigo utilizando para alcanzar metas importantes. He aquí mis Cuatro Principios Funcionales Para La Vida.

## Primer principio:

**Creer en ti.** Pon toda tu confianza en ti mismo. Ese amor propio que todos debemos tener. Creer en ti abre las puertas a muchos recursos disponibles que están al alcance de tu mente. Eres tú, el mismo yo, en la apreciación de la vida individual. Si dudas de tus fortalezas o tu potencial, otros aprovecharán el momento. Una vez eso ocurra, empezará el desastre de la vida y aquellos que te quieren ver vencido lograrán su cometido. NO PERMITAS QUE LA SOMBRA DE OTROS SEA MÁS GRANDE QUE TU PRESENCIA. Creer en ti es auténtico y lo puedes aplicar a tres componentes de tu vida: la Plenitud Mental, la Salud y la Felicidad Espiritual.

La Plenitud Mental es entender lo que somos, lo que podemos hacer y el ambiente que nos rodea. Es comprender que podemos lograr grandes cosas, aunque no poseamos control sobre la naturaleza, el tiempo o sus condiciones, pero sí sobre nuestras fortalezas y debilidades, y nuestras acciones y reacciones.

La Salud es estar libre de lesiones, enfermedades o ser capaz de ejecutar un mínimo de acciones de manera normal según nuestras capacidades y los requerimientos. Para lograrlo, debes incluir el ejercicio moderado a vigoroso en tu vida diaria. Si ya lo estás haciendo, tendrás una larga vida. Recuerda que la salud física y emocional deben estar en sintonía.

La Felicidad Espiritual es encontrarnos con nosotros mismos, logrando avances en los retos de la vida y cumpliendo con nuestros propósitos. Es vivir la vida disfrutando de todo lo existencial, sirviendo y reconociendo esa existencia divina que nos da la fuerza en su espíritu para lograr grandes acontecimientos en nuestras vidas.

Antes de pasar al próximo principio, quiero puntualizar y dejar claro que, en ocasiones, por no decir siempre, el decir: "Creo en mí" no se da de la manera que debiera. Son los "eruditos" del conocimiento quienes te dicen: "Tú eres bueno, yo creo en ti, vamos adelante". Pero cuidado, también están los "sabihondos" dispuestos a decirte todo lo contrario. Lo que debes saber es que solo tú y nadie más debe estar plenamente convencido de que eres bueno y demostrarlo creyendo primero en ti.

# Segundo principio

**Aprende de los experimentados**. La vida ha sido recorrida una y mil veces por personas como tú, que pasaron por situaciones similares a las tuyas y salieron adelante. ¿Por qué caer? ¿Por qué no levantarse? Cuando los que se han levantado al final logran lo que buscan. Si estás con perdedores, no te será difícil perder o quedarte en el suelo tirado, pero si estás con ganadores aprenderás a levantarte y a superar tu propio yo.

Cuando llevaba a los estudiantes a competir, les decía: "Si mejoras tu récord o desempeño personal, saldremos de aquí con una victoria". A veces, las medallas ni los trofeos están hechos para ti en esa competencia o en la próxima, pero estoy seguro de que si estás en el lugar correcto y con la gente correcta, alguien estará preparando ese momento para ti. Llénate de buenos ejemplos, rodéate de gente emprendedora y compartirán experiencias y logros que te ayudarán a seguir creciendo. Sabes, no es difícil identificar a esas personas, están más cerca de lo que piensas. Y recuerda: "No intentes cambiar el mundo; nada del mundo cambiará, y si así lo hiciera, jamás será mejor si tú cambias tu mundo primero".

# Tercer principio

## Estar preparado para lo inesperado.

Este es el punto más difícil de aprender y entender. En el mundo de los mortales, ser inmortal es imposible. Vivimos en un mundo cambiante, explosivo, atrevido, rápido y lleno de aventuras y situaciones, y al igual que la gente cambia, cualquier cosa puede pasarte. Debes estar preparado para los imprevistos. No te enojes ni pelees, deja que las cosas sigan su rumbo. De lo contrario, no estás preparado para el mundo que te espera.

"Las cosas pasan porque tienen que pasar", dice el que pasa por la vida sin dejar nada por qué luchar. Está equivocado; todo pasa como reacción de la vida al pasar, por lo que siempre hay que luchar. Como dijo Epícteto: "Lo importante no es lo que pasa o el imprevisto que llega, sino cómo reaccionas a eso". Debes entonces reenfocarte. No todo lo que planeas saldrá bien, aunque te esfuerces más de lo normal; solo esto te da la garantía de que lo intentarás con un mayor grado de efectividad, pero puede fallar. Así que toma las cosas con calma, paciencia y vuelve a la carga con el mismo ánimo.

# Cuarto principio

## Cree en la vida

Si la vida es Dios y Dios es una fuerza mayor a nuestro entendimiento, entonces la fuente de inspiración debe ser esa fuerza mayor, es decir, la vida o Dios. No importa cómo lo veas, existe algo superior a nosotros que nos creó. Aun si no creyeras, eso no importa, porque lo importante es que vivas la esencia de la vida sin dañar a nadie en el camino. No culpes a otros por tus errores, caídas o fracasos. Eres tú el responsable del mundo que has creado.

En este punto, mi consejo es que, si no crees en un Dios o en una deidad divina, inventa uno para que le hables cuando las cosas no vayan bien o cuando todo fluya normal. El hombre que cae al precipicio siempre busca de dónde sostenerse para evitar el impacto. Tener a dónde clamar, apelar, recriminar o agradecer es siempre una salida de escape. Y, aunque Dios sea nuestra última opción, Él siempre estará esperando tu llamada.

## Complementa tus principios

### *No te detengas...*

Una vez que estés convencido de que tu yo interno te impulsa hacia la búsqueda del éxito personal, seguirás intentando hasta lograr superarte a ti mismo. Ese éxito traerá consigo la felicidad. Pero cuidado, no te confíes con lo que pueda detenerte. Observa a quienes ya han vivido experiencias similares; aún haciendo todo correcto, puedes fallar, pero eso, para un luchador, para quien persevera, no es necesariamente un fracaso, sino un reto que debe superar. Y si crees que una fuerza divina está contigo (Dios), nada podrá detenerte.

Ahora bien, cuando un hombre asume la responsabilidad de sus acciones, debe esperar que otros, al ver su inacción, lo critiquen irresponsablemente o lo desanimen. Recuerda que no todos están hechos para valorar los éxitos de los demás. No solo es importante prepararte emocionalmente para automotivarte, sino también para enfrentar lo inesperado.

Una de las cosas que nos limitan en el crecimiento personal, profesional o social son las reacciones abruptas. Estas acciones impulsivas son las que nos hacen ser una especie de animal capaz de destruir lo que tanto ha costado. En una ocasión, cuando visitaba la cárcel para llevar recreación, un confinado me contó que una reacción impulsiva fue el resultado de una muerte por la que ahora cumple una larga condena.

La responsabilidad que tenemos sobre nuestras acciones y reacciones es algo sumamente importante que debemos trabajar de inmediato. Pregúntate por un momento: ¿cuándo he reaccionado violentamente? Si lo has hecho, debes corregir. No te quitas valor al hacerlo; al contrario, creces, evitas momentos peores, y tu vida será mejor. Eso no tiene precio en el propósito existencial de cada uno.

Las creencias infundadas, aquellas que afirmamos sin establecer un diálogo previo o buscar su razonabilidad, nos han llevado a tomar decisiones equivocadas con resultados irreversibles en muchos casos. Basta con mirar en las redes sociales la cantidad de opiniones sobre un caso o tema de personas que actúan igual o peor. Creen todo lo que se publica sin ir más allá de la "supuesta" verdad. Estas creencias infundadas, al igual que las reacciones abruptas, nos destruyen y limitan nuestra capacidad de socializar coherentemente. Alguien nos llena la cabeza de suposiciones, y creemos sin corroborar. "El que escucha todo lo que dicen termina creyendo en lo que no ve".

Fuimos creados con capacidad de análisis, pero la utilizamos muy poco. Las experiencias vividas que han marcado nuestro ser para mal no nos han servido de mucho, ya que seguimos cometiendo los mismos errores. Para remediar esta situación, que se repite una y otra vez, debemos empezar a entender nuestro rol en la vida y comprender que la existencia humana tiene un propósito noble por encima de cualquier otra consideración.

No habrá enseñanza humana que nos haga mejores si desaprovechamos las oportunidades que nos da la vida para hacerlo. Ser mejores seres humanos no se compra; es algo que debemos aprender y poner en práctica constantemente. Haz lo que haces con un propósito de vida y pon en práctica los valores en todos los aspectos y lugares a los que la vida te lleve. Y no olvides: siempre existirán los imprevistos.

La paz la construimos cuando tenemos la oportunidad de ser pacientes, de comprender y entender las circunstancias del otro. En una disputa, si ambos involucrados pensaran de esta manera y se dieran la oportunidad de entenderse y comprenderse, podrían resolver sus diferencias sin llegar a la violencia verbal y física que tanto daño hace. La violencia nos roba el tiempo y la paz que debe existir en nuestro espíritu.

No habrá un balance en nuestras vidas si no hay equilibrio. Vivimos tan aferrados a nuestra zona de confort que no soportamos salir de ella. Para todo hay una explicación que nos favorece. Prevalecemos sobre todo argumento, imponemos nuestros criterios, ganamos y nos auto complacemos.

## Seis preguntas de vida

Del cuento inédito *"Sed y las riquezas del alma"*

## ¿Qué es la vida?

La vida es un misterio que se desliza ante nosotros con un flujo constante de experiencias, aprendizajes y cambios. Es la fuerza que anima a todos los seres de este universo y les permite crecer, evolucionar y adaptarse. La vida no solo es existencia biológica, sino que abarca la conciencia, la conexión y el potencial creativo de cada individuo. Es un viaje en el que todos tenemos la oportunidad de explorar nuestro propósito de vida, contribuir al bienestar del mundo y descubrir la conexión entre el mundo natural y la humanidad.

La vida es un regalo precioso que se nos ha dado, y nuestro papel es apreciarla, respetarla y cuidarla en todas sus formas. A medida que avanzamos en nuestro viaje, podemos buscar comprender más profundamente la interconexión de todas las formas de vida y cultivar la empatía y el amor por el mundo que nos rodea. En última instancia, la vida es un enigma que se desvela a medida que avanzamos, y nuestro deber es abrazarla con humildad, gratitud y una mente abierta mientras continuamos explorando sus misterios. "Y tú, qué me dices, ¿cuál es tu significado de la vida?

## ¿Cuál es el propósito más importante en su vida?

Uno de los propósitos más importante en la vida es buscar la verdad y la sabiduría tanto intelectual como espiritual. La búsqueda constante de conocimiento y la comprensión profunda de uno mismo y del mundo que nos rodea son fundamentales para vivir una vida significativa y enriquecedora. A través de la reflexión propia, la contemplación y la búsqueda de la verdad, lograremos crecer como individuo y contribuir al bienestar de la humanidad y del mundo en su conjunto.

No debemos olvidar que el amor y la compasión son esenciales en nuestro camino. El cultivo de relaciones significativas y el servicio a los demás son expresiones importantes que complementan el propósito. La empatía y la ayuda a quienes lo necesitan por no valerse por ellos mismos son formas de enriquecer nuestras vidas. Buscar ser un faro de luz en un mundo que a menudo enfrenta grandes y oscuros desafíos. ¿Cuál es tu propósito de vida?

## ¿Qué es lo que más valoras o lo más significativo en tu vida?

De entre todas las cosas que valoro en la vida, la más significativa es la sabiduría. Es buscar, obtener y recibir la capacitación de Dios para enfrentar la vida. La sabiduría recibida en esa capacitación es la luz que ilumina el camino hacia una vida con significado. Es a través de la sabiduría que ganamos comprensión, discernimiento y la capacidad de tomar decisiones éticas y conscientes.

La sabiduría también abarca otros valores importantes, como el amor, la compasión y la empatía. Es a través de la sabiduría que aprendemos a cultivar relaciones significativas y a contribuir al bienestar de los demás y del mundo. Además, la sabiduría nos permite apreciar la belleza de la vida, encontrar el propósito en nuestras acciones y vivir en armonía con nosotros mismos y con el universo.

Por lo tanto, valoro la sabiduría como el tesoro más grande, ya que es a través de ella que podemos comprender todas las demás cosas que enriquecen nuestra vida. Recibir la gracia de Dios nos da el entendimiento y la cercanía divina que se anhela para sentir paz. ¿Es para ti la sabiduría lo más importante o compartes algo diferente?

## ¿Quién sería un ejemplo de admiración?

Por naturaleza podríamos decir que generalmente una persona comienza admirando a sus padres, si estos han sido un modelo en todos los sentidos. De igual manera podría admirar figuras históricas o personas que han dejado una marca positiva en la humanidad. Tal vez no admiremos a nadie. Aunque de alguien tenemos algo que aprendimos o adoptamos que nos sirvió para encaminarnos en la vida. El mayor ejemplo de todos es Jesús Cristo: el hombre más estudiado, seguido y admirado en la historia humana. Nuestro mayor ejemplo. Y tú, ¿a quién admiras?

## ¿Cómo un hombre debe visualizarse y proyectarse al futuro?

Adquiriendo conocimiento constante nos hacemos útiles, además nos preparamos a enfrentar el futuro. Reconocer que las decisiones y acciones presentes tienen implicaciones a largo plazo. El esfuerzo por hacer lo correcto es uno constante porque está consciente que las decisiones tomadas beneficiarán no solo su vida actual, sino la de futuras generaciones. ¿Estás proyectándote hacia un futuro lleno de nuevas aventuras y retos?

He aquí lo indispensable que debemos aprender, repetir y conservar en todo momento desde que nacemos hasta el final de nuestra vida:

- **Respeto:** Siempre proyéctate de manera coherente con tus valores. Alinea tus acciones y objetivos con lo que consideras correcto, evitando comprometer esos principios en busca de ganancias personales.

- **Persistir/adaptarse:** Aquellos dispuestos a adaptarse son quienes más éxito suelen tener porque logran persistir en la lucha. Comprenden que la vida está llena de incertidumbres y cambios inesperados, y están abiertos a ajustar sus planes según sea necesario.

- **Valorar el pasado**: Los sabios suelen reflexionar sobre el pasado para tomar decisiones más informadas en el presente y de cara al futuro. Ven los errores como oportunidades para mejorar y transformarse.

- **Pensamiento abierto y curioso:** Una de las cualidades destacadas de los emprendedores exitosos es su capacidad continua de aprendizaje y exploración. Esto les permite adaptarse a nuevos desafíos y descubrir perspectivas innovadoras mientras avanzan en la vida.

- **Hazte dispuesto a ayudar:** Un Seyoista busca activamente cómo contribuir al bienestar de los demás. Dedica tiempo a enfocarse en iniciativas y actividades que generen un impacto positivo en la sociedad.

- **Paz y equilibrio**: Mantener el control de las emociones y cultivar pensamientos liberadores conduce a una mejor calidad de vida. Practicar la meditación, asegurar un descanso de calidad y gestionar el estrés son prácticas claves. Cultiva una mente tranquila y resiliente para enfrentar los desafíos constantes de manera efectiva y pacífica.

En resumen, un Seyoista tiende a vivir plenamente el presente proyectándose hacia el futuro con una perspectiva a largo plazo, manteniendo valores sólidos, conscientes y adaptables. Su enfoque se basa en el aprendizaje continuo, la contribución al bienestar de los demás y la búsqueda de la sabiduría en cada paso del camino.

## ¿Qué estás dispuesto a dar a cambio de tu éxito y felicidad?

El éxito y la felicidad personal dependen de cuán dispuesto estés a sacrificar tu satisfacción momentánea. No solo depende de lo que estés dispuesto a dar en ese intercambio, sino de cómo obtienes provecho de él. El oro en las manos del minero vale mucho, pero vale más en las manos de un joyero. En tu propio viaje al éxito, lo que estés dispuesto a dar a cambio debe ser tan valioso como lo que deseas. He aquí las Siete As de Espadas que damos por la corona de Seyoista que ganaste:

- **Consejo y orientación:** un Seyoista como Sed está dispuesto a compartir su sabiduría y experiencia contigo. Pueden ofrecer consejos, reflexiones y tener perspectivas diferentes que te ayuden a tomar decisiones más informadas en la búsqueda de tu felicidad.

- **Apoyo emocional**: los Seyoistas suelen ser buenos oyentes y están dispuestos a proporcionar apoyo emocional. Pueden ofrecer consuelo, aliento y empatía en momentos de dificultad o incertidumbre.

- **Enseñanzas y dirección:** algunos Seyoistas pueden actuar como mentores, brindándote la oportunidad de aprender de su experiencia y conocimiento. Esto puede acelerar tu crecimiento personal y profesional.

- **Modelaje:** la propia vida de un Seyoista puede ser un ejemplo inspirador de cómo vivir con sabiduría y éxito. Al observar su estilo de vida y sus valores, puedes obtener ideas sobre cómo enfocar tu propia búsqueda de éxito. Al igual que aquel que una vez estuvo perdido y hoy, como Seyoista, ha encontrado su camino a la felicidad.

- **Empoderamiento:** un Seyoista podría ayudarte a desarrollar la confianza en ti mismo y la autoestima. Puede alentarte a descubrir tus propias fortalezas y capacidades para que puedas avanzar hacia el éxito con determinación.

- **Apoyo moral:** los Seyoistas a menudo brindan apoyo moral, fomentando la integridad y la ética en tus esfuerzos por alcanzar el éxito. Pueden recordarte la importancia de mantener tus valores incluso cuando enfrentas desafíos.

- **Perspectiva de largo plazo**: un Seyoista puede ayudarte a ver más allá del éxito inmediato y a considerar las implicaciones a largo plazo de tus decisiones y acciones. Esto puede ayudarte a tomar decisiones más informadas y sostenibles.

Vivir la vida como una gracia recibida es fuente de energía para vivir plenamente. Ser agradecidos con los que una vez te guiaron por los senderos inseguros de la vida, es la mayor paga que podamos dar.

Ahora, como el águila que vuela alto sin perder de vista su objetivo, alza vuelo con alas fuertes y firmes hacia el capítulo final de nuestro viaje. Descubre cuán importante eres en la naturaleza humana, como el ave que surca los cielos más altos. Allá nos vemos, amigo Seyoista.

CAPÍTULO VII

# SIGUIENDO EL ESTÁNDAR ÁGUILA (SEA)

El modelo humano en ocasiones obvia su sentido y no enseña a valorar la vida que heredamos ni nada de lo que adquirimos; solo la recibes para que tú aprendas a valorarte y a descubrir lo importante que eres para la humanidad.

---

*"Arrepentido te miro Señor, te pido perdón, no me abandones nunca mi Dios, aquí estoy para otros y mi alma es para ti".*

---

Tomando el ejemplo de Jesús, cuando alguien deja una cicatriz en nuestra vida, también puede dejar una huella con solo pedir perdón. El perdón es un mecanismo que envuelve pensamientos y emociones. A veces tomamos decisiones a la ligera, sin considerar las consecuencias, y es en esos momentos cuando las emociones se imponen sobre los pensamientos de reconciliación.

Pensamos que debemos pedir perdón por el error cometido porque lo aceptamos y lo reconocemos. Sin embargo, las emociones vuelven a interponerse, creando pensamientos negativos sobre la acción positiva de perdonar. La mente es una guerrera constante y audaz que busca lo mejor de ti, pero a su vez puede ser un enemigo persistente e incisivo. Lo peor es que la mente no distingue entre los pensamientos o las emociones que debemos cuidar. Por eso, si no estamos preparados, nos cuesta pedir perdón.

Cuando ocurre lo contrario, siendo nosotros los que debemos perdonar, pensamos que no debe ser así, ya que las emociones activan las defensas utilizando el orgullo y la soberbia, impidiendo aceptar el perdón con humildad, estar en paz con Dios y seguir adelante. Claro, todo dependerá de la magnitud del daño infligido, pero ante la opción de perdonar o vivir en amargura, ¿cuál sería la opción correcta y razonable? Perdonar siempre será la mejor opción.

Recordemos que el ser humano busca la felicidad donde es más accesible y evita naturalmente lo difícil y complicado. Solo aquellos con un estado mental superior pueden vivir plenamente en ambos escenarios. Sin embargo, todos poseemos la capacidad de superarnos; solo debemos descubrirla y ponerla en práctica. A menudo culpamos a la vida por nuestras circunstancias sin comprender que estas son parte integral de nuestra existencia.

Cuando caminamos por lo que llamo "Siguiendo el Estándar Águila (SEA)", entramos en un mundo de paz, perdón, compasión y entendimiento. Es un aura que no todos podrían llevar ni entender. Solo aquellos dispuestos a dar mayor importancia a las cosas naturales que el mundo nos ofrece libremente, a disfrutar la esencia de cómo debemos vivir la vida, a respetar el tiempo, el espacio individual, el cuerpo físico y la paz espiritual, estarán elegidos para el aura de la felicidad.

Aquel que es vigilante, precavido, firme y despierto en su tiempo de existencia, será bendecido. Si no eres uno de ellos, es tiempo de comenzar. Acepta, si es tu caso, que no eres feliz por la razón que sea y que es momento de serlo sin tener que dar explicaciones a nadie. Tampoco debes sentirte obligado a pedir perdón si no eres tú el agresor; con solo no prestar atención a quien te hizo daño, basta. No le niegues un saludo ni le desees el mal; solo sigue buscando tu completa felicidad. A muchos no les importa si eres feliz o no, pero a ti te hace daño no darte cuenta o no querer verlo. ¡Voy a ti! Creo en ti... Comienza ya.

## Las ocho garras del águila

Dentro del Programa SEA desarrollé el método "Las Ocho Garras del Águila", que se divide en dos partes: Vuelo Alto y Ave Vigilante. Cada parte tiene patrones (objetivos) principales y sus compromisos. En ellas se establecen razonablemente lo que debemos internalizar y poner en práctica para adquirir las herramientas necesarias. Estoy seguro de que lograrás obtener el "aura" o la capacidad mental que tanto anhelas para vivir sin temores, prestando atención solo a lo que importa y te hace libre. Las garras del Águila son su vida; sin ellas, nada sería igual. ¿Cuáles crees que son las garras de la humanidad para sobrevivir en este mundo?

## Primera parte del SEA: vuelo alto

El objetivo de esta parte es recordarte que debes vivir sin estar cargado de responsabilidades que no te corresponden, culpas que no son tuyas y reacciones negativas que solo han traído problemas a tu vida. Es hora de liberarte de esas imágenes del pasado en las que sientes que deberías haber actuado de otra manera. Acepta esos momentos, aprende de ellos y sigue adelante en busca de paz y alegría interior. Educa tu mente, estudia y busca superarte intelectualmente para convertirte en una persona diferente, transformada y llena de entusiasmo. Sé un Seyoista.

## 15 Objetivos Águila: los compromisos que debes asumir para tu Vuelo Alto

1. Bendice a todo aquel que se cruce por tu camino.

2. No estarás atada a nada negativo que te impida crecer.

3. Perdona las faltas o agresiones de los demás sin guardar rencor.

4. Aléjate de todo aquel que cargue consigo energías negativas.

5. No vivirás con remordimientos pasados por cosas que hiciste que te llevaron a cometer errores y que ya no puedes cambiar.

6. Si estás a tiempo de enmendar tus errores, hazlo y sigue adelante.

7. Si no concluiste algo y sabes que no lo harás, olvídalo de una vez.

8. No calles las injusticias. Defiende al que no puede hacerlo.

9. Da el valor y el sitial que la integridad merece.

10. Busca estar en paz contigo, con el hombre, el mundo y la vida.

11. Evita a quienes quieren robar tu paz, tu tiempo y felicidad.

12. Supérate cada día y adquiere nuevos conocimientos.

13. Escucha música, haz deporte, disfruta la naturaleza, sé útil para otros.

14. Escribe un libro sobre lo más que te apasiona.

15. Permanece siempre vigilante como el águila.

Se resume todo a una vida armoniosa con la coexistencia. No encontrarás un camino amplio ni limpio al intentar llegar a tu máximo potencial, pero recuerda que nada que sea valioso será fácil de alcanzar.

*"Lo fácil llega y se va como efímera mariposa sobre el floral; la belleza de sus colores es espectacular, dura solo un día, aunque quisiera durar más".*

## Segunda parte de SEA: ave vigilante

Ser un ave vigilante es estar constantemente autoevaluando tus acciones. Si realizas una autoevaluación sincera y seria y te das cuenta de que te valoras poco, debes comenzar a transformarte de inmediato. Los seres humanos rara vez estamos satisfechos, y esa insatisfacción puede ser una virtud desde el punto de vista del crecimiento personal. Sin embargo, ten cuidado de no detenerte ante la desmotivación, los problemas o las inconformidades que enfrentas. Mantente vigilante desde lo más alto.

## Objetivos Águila: los dispuestos

Debes estar dispuesto a amarte, respetarte y valorarte; amar al mundo, la naturaleza y al que sufre, ámalo más.

Debes estar dispuesto a transformar tu manera de ser, de actuar y ver las cosas a tu alrededor.

Debes estar dispuesto a ayudar sin esperar nada de vuelta.

Debes estar dispuesto a escuchar, analizar y prestar atención a lo que ocurre en el mundo y dispuesto a defenderlo sin apasionamientos ni cargas ideológicas.

Debes estar dispuesto a reaccionar con la razón, entender el porqué de las opiniones ajenas sin necesariamente aceptarlas, pero siempre respetarlas.

Debes estar dispuesto a defenderte cuando te ataquen, pero sin ofender ni cargar de odio tus palabras cuando alguien no piensa como tú.

Debes estar dispuesto a cargar con tus reacciones justas o no cuando lo que te impulsó hacerlo fue tu ego, tu soberbia o tu falta de autarquía (dominio de ti).

La forma en que ves el mundo es el pensamiento nuevo que nace en ti. Si aplicas los Estándares de Vida Águila, podrás servir mejor a las causas nobles. La disciplina sin ejemplos dura poco. La práctica te ayudará a perfeccionar y convertir los valores universales en una rutina que trasciende más allá de la existencia temporal.

Elige hoy uno de estos estándares y comienza a trabajar en él hasta que logres elevar tu estándar personal. Luego, sigue avanzando. Tú decides a dónde quieres llegar... Siguiendo el Estándar Águila.

## Ejemplos de los SEA (Siguiendo el estándar Águila)

La esperanza es que, al leer estas conversaciones, estés a tiempo de transformar tu ser hacia una respuesta natural, comprendiendo la lógica humana individual y enfrentando la vida desde tu punto de vista SEA.

## Escena # 1

"¿Qué hice para merecer esta vida? ¿Por qué no me tocó vivir una diferente? No comprendo los designios de la vida; unos tienen de más, mientras yo vivo en la miseria. Estoy atrapado en problemas diarios que no me permiten vivir plenamente como otros. Cada mañana es despertar en esta penuria, a la mera supervivencia. Hay tantos caminos por tomar, pero siempre termino en el mismo lugar. Me desespero, me desgarro las vestiduras, cuestiono mi existencia: ¿por qué yo?"

## Posible respuesta:

Toma un momento para reflexionar. Busca entender el porqué de las cosas y no te detengas en el llanto, la rabia o el mal momento. ¿Cuántas veces has tenido oportunidades para salir de esta situación, pero decides quedarte en lo mismo? Observa una imagen, el águila; mírala detenidamente: su rostro, su mirada, su porte majestuoso y desafiante. ¿Qué tiene, ave, que yo pueda aprender de ti?

La vida nos presenta nuevos días cada mañana. Si decides quedarte estancado como el agua en un estanque, no fluirás. Por eso, veremos días llenos de grandes oportunidades, pero también semanas interminables por la inacción, meses difíciles por una actitud pobre y años en los que no avanzamos. Recuerda que todo es temporal si logras entenderlo. Lo verdaderamente notable y duradero es nuestra capacidad de comprensión, perseverancia y recuperación. La ayuda está disponible cuando la buscamos en las personas adecuadas y cuando invertimos en nuestro crecimiento. No te desanimes ni pidas cambiar de trabajo; quizás debas empezar por cambiar tu actitud. Si lo haces y las cosas siguen igual, entonces es momento de explorar nuevos caminos sin miedo, con determinación y fe.

## Escena # 2

Más allá de la agresión, ¿se justifica responder con agresión? ¿Y qué hay de la provocación? Vivimos en una sociedad marcada por la intolerancia y la falta de respeto hacia los demás. A menudo cometemos los mismos errores esperando que nos perdonen una y otra vez. No debería sorprendernos recibir una reacción violenta como respuesta a nuestras acciones inapropiadas, ya sean intencionadas o no. Debemos entender que, por naturaleza, somos seres reactivos y aprendemos a controlarnos a través de la práctica. ¿Cómo podemos llegar a un entendimiento en estas situaciones?

## Respuesta:

El autoanálisis sin ayuda y conocimiento previo tiene un resultado limitado. Comprender por qué reaccionamos agresivamente o por qué nuestras acciones pueden ser percibidas como tales requiere madurez y aceptación. Es preferible dejar pasar una acción negativa que se puede olvidar o reparar más adelante, en lugar de reaccionar con violencia y cometer errores graves que perduren toda una vida. Usa la respiración como tu salida de escape. Si te esfuerzas, encontrarás las palabras adecuadas para manejar la situación. La paciencia y la espera son siempre la opción correcta. Así se mueve el Seyoista.

## 30 Microestados de acción Águila de SEA

Como seres humanos imperfectos (en ruta hacia la perfección), a veces nos imponemos creencias limitantes. En ocasiones, la pregunta "¿Podré hacerlo?" se convierte en un mito o tabú que nos autoimponemos. Limitamos nuestros alcances, nuestras acciones y lo que otros podrían hacer por nosotros para guiarnos o ayudarnos. Cuando desconfiamos de todos los demás, pensamos solo en nosotros mismos. Estos microestados de acción águila te ayudarán si los repites y los llevas siempre contigo, pero recuerda que la ayuda mutua, la verdadera amistad y el apoyo son insustituibles. Siempre será mejor tener en quién confiar y a quién recurrir. Si eres indispensable y confiable para otro, alguien creerá lo mismo de ti.

En esta parte, te presento tres frases que completan un microestado de Acción Águila. Son microestándares que sirven de guía para encaminar tus acciones en diferentes estados de vida, ya sea de acción diaria, ocasional o temporal. No te limites a estos; te invito a crear tus propios estados de acción.

Por ejemplo, si eres amante del medio ambiente, puedes crear tu propio microestándar: Voluntario ambiental, Promover la sostenibilidad, Educación ambiental.

De esta manera, puedes emprender pequeños proyectos de vida que te lleven prospectivamente hacia un crecimiento y una transformación efectiva y con sentido en tu vida.

Tabla de ejemplos: Puedes combinarlos a tu gusto o preferencia, o crear los tuyos propios para impulsarte a llegar lejos de una manera diferente.

| 10 Microestados de acción Águila, SEA | |
|---|---|
| **#1**<br><br>**Cree en ti**<br><br>Aprende de las experiencias<br><br>Prepárate para los imprevistos | **#6**<br><br>**Recuerda menos lo negativo**<br><br>Valórate más<br><br>Convéncete de tu potencial |
| **#2**<br><br>**Ama todo lo que haces**<br><br>Trabaja siempre motivado<br><br>Demuestra cuán talentoso eres | **#7**<br><br>**Siembra**<br><br>Cosecha<br><br>Comparte |
| **#3**<br><br>**Mantén una fe firme**<br><br>Actúa sin distraerte<br><br>Se persistente hasta lograrlo | **#8**<br><br>**Disfruta el ambiente**<br><br>Protege la naturaleza<br><br>Siembra para el futuro (un árbol) |
| **#4**<br><br>**Perdona sin rencor**<br><br>Haz oración constante<br><br>Vive y proyecta tu espiritualidad | **#9**<br><br>**Lee algo que te haga crecer**<br><br>Escribe sobre lo que te guste<br><br>Emprende un legado |
| **#5**<br><br>**Se feliz con lo que tienes**<br><br>Comparte tu felicidad<br><br>Descubre nuevas satisfacciones | **#10**<br><br>**Sueña, ilusiónate**<br><br>Convéncete y confía<br><br>Hazlo posibles y duradero |

## Pensamientos Águila (PA) de SEA

Los grandes filósofos de la antigüedad, al igual que los escritores contemporáneos, nos muestran que existen formas diferentes de ver la vida. Una manera muy particular de reflexión y aprendizaje es a través de pensamientos acertados. Cada pensamiento envuelve una enseñanza, da una dirección y brinda el placer de encontrar respuestas a nuestras interrogantes. En el método de enseñanza Siguiendo el Estándar Águila (SEA), los pensamientos son uno de los grandes atributos.

Cada pensamiento surge por alguna razón. Si comenzamos a ver la vida desde la perspectiva de los grandes pensadores, sin duda nos convertiremos en grandes ejecutores de la razón y el sentido común. Aquí tienes algunos pensamientos sugeridos del Seyoista como parte de la guía Siguiendo el Estándar Águila.

Pensamientos para reflexionar: (El análisis es reflexión y, de estos, obtenemos enseñanza y dirección).

- PA 1. "La opinión en sí no es lo más importante; más importante es quién opina".

- PA 2. "La crítica es como un visitante inesperado al cual hay que recibirlo bien preparado".

- PA 3. "Conoce que por encima de la verdad y la justicia existen grandes derroteros que son implacables en su intención destructora. La ambición es de la lealtad su veneno; la fidelidad su antídoto".

- PA 4. "El hipócrita por naturaleza miente; quien traiciona por naturaleza engaña".

- PA 5. "Sé vertical cuando camines y llegarás seguro al horizonte que anhelas".

- PA 6. "Cuando trabajas entre competentes crece tu autoestima; la misma que pierdes por todo lo contrario".

- PA 7. "Es difícil que un ignorante entienda que lo es, pero más difícil es que por lo que hace, la gente entienda que no lo es".

- PA 8. "Si lo que hagas en tu tiempo es para bien, todo será bueno, no importa lo mal que te pueda ir. Si al contrario haces el mal, aunque todo te vaya bien, no importa, terminarás mal".

- PA 9. "La cama donde duermes es también el confesionario, antes de dormir confiesa si valió la pena vivir un día más".

- PA 10. "Tenemos la capacidad de adaptarnos y sentirnos cómodos no importa cuán incómoda sea la posición".

- PA 11. "Lo mejor detrás de tus motivos puede que no esté en tu satisfacción, sino en la que le diste a otro con tu motivo".

- PA 12. "La vida está llena de propósitos, aunque la tuya carezca de intención".

Para continuar avanzando en esta aventura, elige ser un Seyoista. Te ofrecemos alternativas para hombres y mujeres que buscan la superación personal y en familia. Trabajaremos estos toques de conciencia para promover el pensamiento y permitirte reflejarte en cada uno de ellos. Adéntrate en la dimensión de un pensamiento sanador, creativo y con propósito en la continua búsqueda de nuestra felicidad general. Luego, pon en práctica lo aprendido y comienza el verdadero camino hacia la felicidad.

- TCSA 1. Vivimos anteponiendo todo, dejando sin espacio a la familia, nuestros anhelos, propósitos y la vida espiritual, como si el trabajo, la calle o las "amistades" llenaran los espacios más sagrados de nuestra existencia.

- TCSA 2. "Algunos vivimos para trabajar y otros trabajan para vivir". La actividad diaria se convierte en rutina y la rutina en frustración. La rutina es el arma perfecta para destruir las relaciones; ponerle un interruptor la inhabilita.

- TCSA 3. Una de las mejores definiciones del amor es: "El amor es la armonía que existe entre dos aún en desacuerdos". Es más importante la felicidad, la comprensión y la negociación que la infelicidad, la incomprensión y la imposición.

- TCSA 4. La actitud hacia un nuevo día no depende de cómo terminó el anterior; dependerá de cuán importante es para ti comenzar de nuevo. Los problemas existieron, existen y nunca dejarán de existir. La actitud puede ser la de ignorarlos todos los días o enfrentarlos, vencerlos y dejarlos atrás.

- TCSA 5. ¿Cuántas cosas importantes o no te pasaron ayer? ¿Cuántas de ellas fueron iniciadas por ti? ¿Cuáles valieron tu atención y tiempo?

- TCSA 6. ¿Alguna vez has pensado en ponerte en el lugar de alguien que vive como tú jamás aceptarías vivir?

- TCSA 7. Si hemos aprendido algo, es que las desgracias que hemos vivido en los últimos años no solo las superamos, sino que nos prepararon para enfrentar las próximas.

- TCSA 8. No hagas permanente en tu vida la tristeza y preocupación por la crisis que atraviesas. Haz tu parte con todo el esfuerzo posible; Dios hará la de Él.

- TCSA 9. Todo lo que nos ocurre es lógicamente válido y posiblemente con un propósito bueno a pesar de lo malo. No te preguntes por qué te ocurre a ti si no cuestionas los buenos momentos que te llegan.

- TCSA 10. En ocasiones, haciendo el mal creemos merecer lo bueno sin entender por qué a los buenos les ocurre lo malo.

- TCSA 11. En los momentos difíciles necesitas aclamar por compañía y apoyo. Será más liviana la carga. ¿Por qué rechazas la mano de Dios?

- TCSA 12. Existen cosas en la vida que es mejor pasar o contemplar su paso sin cuestionar el porqué. El porqué solo hace crecer la incertidumbre.

- TCSA 13. Dios siempre te dará su contestación: sí, no o espera. Él sabe qué es lo mejor. Solo confía como confías en tu médico.

- TCSA 14. En la vida, hacer lo correcto es nuestra naturaleza humana y también es siempre lo que la gente espera de ti. Otros podrán intervenir con malas acciones, pero eres tú quien determina cómo proceder, no otros.

- TCSA 15. Habrá grandes sufrimientos que marcarán tu vida, pero tendrás grandes alegrías que serán aún más grandes. No dejes que tu felicidad duerma en sueños; hazla despertar y vive para ser feliz.

## Los dones del Águila y sus lecciones para ti

El águila posee características que ofrecen valiosas lecciones para los seres humanos. Se considera el rey de las aves porque, al igual que el león, no le teme a nada; por esta razón, el león es considerado el rey de la selva. El águila desafía las alturas, mostrando todo su esplendor. En nuestro mundo, existen hombres y mujeres que emulan estas cualidades: no temen equivocarse ni enfrentar lo desconocido. Quizás tú mismo seas uno de ellos, o alguien cercano a ti lo sea, a quien deberías observar y seguir. No olvidemos que estos individuos, al igual que todos, han aprendido la tenacidad y la han grabado en su alma.

Identifico cuatro dones en la vida del águila que podemos aplicar sabiamente en nuestras vidas. Reconozco que hay mucho más que aprender de esta majestuosa ave y te recomiendo estudiarla detenidamente. Sería ingenuo no intentar superarnos en cada situación o desafío. Al igual que el águila, cada uno de nosotros posee dones especiales, pero a menudo no nos damos cuenta de su grandeza ni de nuestro verdadero potencial.

## El despegue (Emprendedor):

El águila, al iniciar su vuelo desde el suelo, emplea la fuerza necesaria para ganar velocidad y altura. Una vez en el aire utiliza a su favor el viento. Nosotros también debemos levantarnos de los problemas con renovada fuerza. El hombre emprendedor enfrenta con disciplina y determinación los desafíos, eventualmente los domina y bajo su control los convierte en logros, sabiduría y experiencia.

## Vuelo alto (Resiliencia):

El águila es conocida por volar a grandes alturas, utilizando las corrientes de viento incluso en las tormentas para sobrevolarlas y protegerse de su peligro. Nosotros, siendo naturalmente fuertes e inteligentes, debemos aprender a enfrentar las tormentas de la vida con resiliencia. Debemos volar por encima de los obstáculos para comprender por qué ocurren las cosas, buscando luego un lugar tranquilo para recuperarnos y seguir adelante con actitud positiva.

## Sobrevivencia (Perseverancia):

El águila no se detiene en su lucha por alimentarse, ya sea en la tierra, en el agua o donde tenga que llegar. Nosotros, a menudo somos frágiles e inconsistentes, no podemos dejar pasar grandes oportunidades. Debemos persistir en la búsqueda de nuestras metas y sueños, ya que la perseverancia constante nos llevará al éxito. Si el águila se rindiera cuando intenta cazar sin lograr tener éxito, moriría de hambre; de manera similar, si abandonamos nuestros sueños y metas sin perseverar moriremos sin haber logrado nuestro mayor anhelo. Vive para cuando ya no lo hagas otros recordándote te traigan a la vida.

## Renovación (Determinación):

Sea leyenda o no, el águila, ante la amenaza de la naturaleza, toma decisiones cruciales que pueden implicar dolor, como renovar su pico, uñas o plumaje. Nosotros también debemos ser determinantes en la consecución de nuestros objetivos y metas. A veces, el proceso puede ser sacrificado, pero si estamos convencidos de nuestras capacidades y establecemos juntos como familia metas claras, podremos superar cualquier obstáculo.

Estas lecciones del águila no solo inspiran, sino que también guían hacia un camino de crecimiento personal y fortaleza interior. Siguiendo su ejemplo, podemos alcanzar nuevas alturas y superar los desafíos que la vida nos presente.

¿Cómo está el rumbo de tu vida en este momento? Reflexiona.

Sé que, después de haber leído este libro, eres una persona diferente y has encontrado algo aquí que te ha ayudado, o al menos te dará dirección en la vida. Me alegra saberlo, porque me ayudas a cumplir mi propósito de vida. Todavía no soy perfecto, pero pretendo serlo en algo, aunque sea en una sola cosa. Busco ser mejor cada día y perfeccionar mi forma de vida. Pago a la vida por las cosas que debí hacer bien y no hice. Escucho la música suave que calma mi alma, escribo canciones para mis oídos, cuento cuentos para mis hijos y nietos, y novelas que para mí son eternas. De eso se trata la vida: vivir dejando vida.

Si logras descubrir tus dones, sal corriendo de donde estás. Permite que las raíces de la buena vida busquen su espacio, se afiancen en las profundas tierras, y que su tronco y ramas salgan fuertes al mundo, donde el viento del huracán las querrá quebrar, el sol sin tregua las quemará, y la plaga las envenenará. Pero nada podrá dañarte ahora. Dios está contigo en tu caminar. A Él le debes la vida y por Él debes vivir, porque eres tú quien vive en Él.

*Te felicito, eres un Seyoista. ¡Cataplum...!*

# BIBLIOGRAFÍA

https://psicoafirma.com/

https://psisemadrid.org/

https://dle.rae.es/

https://lamenteesmaravillosa.com/

https://www.areahumana.es/

https://ifeelonline.com/

https://www.significados.com/

https://www.wordreference.com/

https://www.diariodeteruel.es/sociedad/como-aprender-a-ser-una-persona-estoica

https://es.strephonsays.com/persistence-and-vs-perseverance

https://www.psychologytoday.com/es/blog/no-es-necesario-estar-de-acuerdo-para-tener-armonia-en-una-relacion

https://www.acciona.com/es/desarrollo-sostenible/

# ANEXO

**#1**

Posibles resultados de la Prueba de Excelencia Personal (*página 82*)

> 55 máximo a 50 = excelencia, 49 puntos a 44 = eficiente, 43 puntos a 35 = promedio, 34 puntos o menos = modificar

**#2**

Ejemplos de distribución de tiempo. Calendario, calidad y calcular. (*Página 98*)

| Objetivo: aprender Inglés | Fecha inicio: ¿? |
|---|---|
| Justificación: obtener mayores oportunidades en el campo laboral | |
| Posible fecha de culminación: ¿? | |
| Método para utilizar: Online / Microcurso pre-pagado | Tiempo calendarizado: Dos horas diarias/cinco días. 5 a 7 PM x 6 meses |

| Días para reponer tiempo interrumpido:Horario: 4:30 a 6:30 am | Equipo y materiales a usar: (preparar lista) |
|---|---|

Métodos de refuerzo: clases prácticas de conversación, televisión, "podcast", lecturas, otras

Distribución de Costos: Compra del programa: $_____
Inversión inicial: $_____Inversión final: $_____ Otros gastos: $_____

Pruebas de medición: pruebas prácticas / exámenes

Metas a mediano plazo: trabajar en aeropuerto local

Metas a largo plaza: trabajar en una compañía de inversiones en EEUU

Comentarios       generales       sobre       progreso:

_____

Re-enfoque:

_____

Meta cumplida: ____ si ____ no

Comentario final: _____

# #3

*(Página 101)*

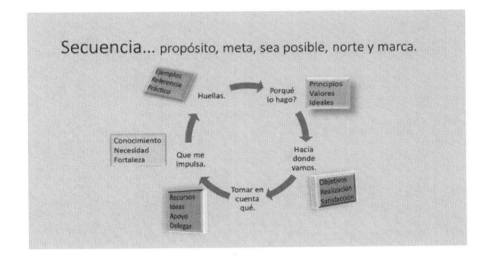

# #4

| Fortalezas | Debilidades |
|---|---|
| Disciplinado Responsable | Permisivo |
| Comprometido, Honesto | Sentimental |
| Creativo, Educado | Inseguro |
| Experimentado | Tímido |
| Poder de análisis | Bajos recursos económicos |
| Concentración | Pocos amigos |
| Pensador, Perseverante | Temor a fallar |
| Sentido de pertenencia | Un solo idioma |
| Ayuda desinteresada | Me preocupo con facilidad |
| Emprendedor | No toda mi familia me apoya |
| Servicial y Dispuesto | Tengo el tiempo limitado |
| Creativo y Líder | Desconfianza |
| Extrovertido | Retante |
| Generoso y Justo | Explosivo |
| Objetivos de vida claros | Indefenso |
| Comprensivo, | Callado |
| Soñador | Ingenuo |
| Sigo ejemplos y los doy | Inconsistente |
| Trabajo en equipo | Pasivo |
| Dispuesto a escuchar | |
| Habilidades deportivas | |
| Maestro, Líder, Luchador | |

# #5

*(Página 32)*

Made in the USA
Columbia, SC
15 October 2024

44426195R00102